부르주아 경제학의 위기

오늘날의 마르크스주의 07

부르주아 경제학의 위기

크리스 하먼 지음 | 이정구 옮김

책갈피

오늘날의 마르크스주의 07

부르주아 경제학의 위기

지은이 크리스 하먼
옮긴이 이정구
펴낸곳 도서출판 책갈피

초판 발행일 2010년 3월 10일

등록 1992년 2월 14일(제18-29호)
주소 서울특별시 중구 필동2가 106-6 2층
전화 (02)2265-6354
팩스 (02)2265-6395
이메일 bookmarx@naver.com

ISBN 978-89-7966-070-8 04300
ISBN 978-89-7966-062-6(세트)
값 4,900원

잘못된 책은 바꿔 드립니다.

차례

◆ 부르주아 경제학의 위기 · 7

무너진 환상들 • 10
케인스 이전의 부르주아 경제학 • 12
한계효용 이론의 문제점 • 20
케인스와 세의 법칙 • 25
케인스와 임금 삭감 • 30
급진적 언사와 보수적 정책 • 35
개혁 대 혁명 • 38
케인스 : 실천에서의 실패 • 42
잘못된 처방들 • 46
케인스주의와 전후 호황 • 48
절충주의의 실패 • 51
전후의 종합 • 62
의견 일치의 붕괴 • 66
칼레츠키와 급진적 케인스주의 • 69
스라파와 한계효용 이론에 대한 비판 • 72
신고전학파에 대한 다른 비판들 • 78
'새고전학파'와 '공급중시' 반혁명 • 81
정설의 붕괴 : '오스트리아학파' • 85
'신케인스주의'와 복잡성 이론가들 • 92
결론 • 98
부록 : 스라파와 신리카도주의자들의 마르크스 비판 • 101
주 • 105

◆ 옮긴이 후기 • 115

주 • 127
참고 문헌 • 128

일러두기

1. 이 책은 Chris Harman, "The Crisis in Bourgeois Economics", *International Socialism* 71(Summer, 1996)을 번역한 것이다.
2. 인명과 지명 등의 외래어는 최대한 외래어 표기법에 맞춰 표기했다.
3. 본문의 각주는 옮긴이가 독자의 이해를 돕기 위해 덧붙인 설명이다. 또 본문에서 [ ]는 옮긴이가 문맥을 매끄럽게 하기 위해 덧붙인 것이고, 저자가 첨가한 것은 [— 하먼]이라고 표기했다.
4. 원문에서 이탤릭체로 표시된 부분은 고딕체로 표시했다.
5. 책과 잡지는 ≪ ≫로, 신문과 주간지는 〈 〉로, 논문과 신문 기사 제목은 " "로 표시했다.

부르주아 경제학의 위기*

지난 30년 동안 주류 경제학의 논조는 크게 바뀌었다. 1960년대에 경제학을 접한 사람들은 확신에 찬 단 하나의 사상 체계에 직면했다. 이 사상 체계는 고급 물리학이나 화학 과목의 개설서

* 이 논문은 나의 최근 책 ≪난장판의 경제학 — 오늘날의 자본주의와 시장≫(*Economics of the Madhouse: Capitalism and the Market Today*, Bookmarks, 1995)[국역 : ≪신자유주의 경제학 비판≫, 책갈피, 2001]에서 스쳐 지나가듯 다룬 몇 가지 주제를 발전시키려는 시도에서 썼다. 이 논문의 전제는 전에 ≪위기를 설명한다 — 마르크스주의적 재평가≫(*Explaining the Crisis: a Marxist Re-Appraisal*, Bookmarks, 1984)[국역 : ≪마르크스주의와 공황론≫, 풀무질, 1995]에서 설명한 자본주의 체제의 동학에 대한 마르크스주의적 설명이다. 이 논문에서 나는 체제에 대한 주류 부르주아 경제학의 희망이 어떻게 산산조각 났는지를 설명하기 위해 체제의 실패뿐 아니라 부르주아 경제학의 실패도 살펴본다. 이를 위해서는 교과서에서 자주 발견되는 뒤틀리고 모호한 공식들을 요약할 필요가 있다. 나는 최대한 단순하게 요약하려 했다. 그러나 내가 요약한 것을 따라가기 어렵거나 내가 비판한 견해가 왜곡됐다고 주장하는 사람들도 있을 것이다. 그러나 이는 원래의 주제 자체에 결함이 있는 것이지 내 요약에 문제가 있는 것이 아님을 이해해 주기 바란다.

처럼 의심의 여지가 없는 진리를 제공한다고 주장하는 교과서에 실려 있었고, 그 교과서의 각 장 말미에는 점검 항목으로 정답을 외울 수 있도록 다지선다형 문항이 실려 있었다.[1] 경제학자들은 자신들이 "경제를 거의 완벽하게 이해하고 있다"고 믿었다.[2] 케네디 정부의 경제 자문위원이자 베스트셀러 저자인 폴 새뮤얼슨은 이러한 이해에 힘입어 경제 위기가 과거지사가 됐다고 주장했다. 그는 1970년에 열린 경제학 컨퍼런스에서 "국가경제조사국NBER은 그 첫 번째 임무 가운데 하나인 경기순환 예측을 완전히 해결했다"고 말했다.

오늘날 경제학 교과서들은 30년 전과 다를 바 없는 똑같은 공식들을 되뇌는 재미없는 책이 됐고, 정치인들도 경제학 교과서에서 다루는 '경제법칙들'을 따라야 한다고 계속 주장한다. 그러나 이러한 허세로도 더 깊숙한 내면의 불안감을 감출 수는 없다. 35년간 지속된 경제 호황은 25년간 반복되는 위기에 자리를 내줬다. 1948~1970년에는 평균 1.7퍼센트를 유지하던 영국의 실업률이 그 후 두 배가 됐다가 그마저 넘어서고 있다. 선진국 도처에서 실업률이 8퍼센트(스페인), 12퍼센트(아일랜드), 심지어 20퍼센트대(핀란드)인 것이 보통이다. 그리고 '다운사이징'◆을 통해 일자리 감소나 고용 불안이 끊임없이 계속될 전망이다.

◆ 기업의 업무나 조직 규모를 축소하는 일.

노동자들은 고용주들이 이해하기 힘들 정도의 고통을 당하고 있지만, 경제 환경의 변화에서 영향을 받는 것이 노동자들만은 아니다. 대기업들도 체제의 광포한 등락 때문에 불안정해졌고, 1990년대 초반의 경기후퇴로 말미암아 1960년대 중반에는 상상하기조차 힘들었던 수준의 파산(팬암, BCCI, 맥스웰 통신회사 등)이 발생했다. 그 결과, 해고와 임금 삭감의 필요성을 역설할 때으레 예전의 정설을 되풀이하던 최고 경영자들이 이제는 이런 정설을 주장하는 경제학자들을 혹평하기 시작했다. 최고 경영자들은 경제학자들이 대부분 현실과 아무 연관성도 없고 1990년에 미국과 영국을 강타한 경기후퇴나 지난 50년 동안 일본의 가장 긴 경제 침체, 유럽 대륙에서 다시 등장한 경기후퇴 같은 주요 사건들을 전혀 예상할 수 없는 경제 '예측들'을 제공하는 수학 모델에만 몰두한다고 불평했다.

일부 경영자들은 교과서에서 가르치는 경제학을 비판하는 세미나를 후원하기도 한다. 은행 그룹인 시티코프Citicorp가 후원하고 기업들이 1인당 참가비 2500파운드를 부담해 1995년 5월에 런던에서 열린 "복잡성과 전략 — 지능적인 조직"이라는 컨퍼런스가 그런 경우다.

그러는 동안 기말시험용 경제학 교과서의 정설이나 현실과 연관 없는 수학 공식들에 매달리지 않았던 경제학자들이 '새고전학파new classicists', '공급중시경제학', '통화주의', '신케인스주의', '오스트리아학파', '신리카도주의', '카오스와 복잡성 이론' 등 경쟁적 학파들로 분열했다. 이 각 학파들은 자기 사상을 주장할 뿐 아니라 자신들의 정기간행물, 책, 컨퍼런스를 통해 경쟁자들을 비난한다. 그러나 그중 어느 학파도 전에는 확실하다고 여기던 것을 무너뜨린 핵심 문제 — 자본주의 세계 핵심부인 선진국을 강타한 위기를 극복하지 못하고 있는 것 — 를 설명하지 못했다.

무너진 환상들

30년 전에는 공황 문제를 말끔히 해결했다는 것이 경제학계의 일치된 견해였다. 이 견해대로라면, 1936년 1월에 존 메이너드 케인스가 쓴 ≪고용, 이자, 화폐의 일반 이론≫이 제공한 경제학의 '혁명'이 그 해답이었다. 경제학의 '혁명' 이전에는 누구나 경제학 내부에 커다란 결점이 있다고 생각했다. 사람들의 거래에 따라 시장이 어떻게 '작동'하는지를 묘사하는 '미시경제학적' 분석만으로는 불황을 전혀 설명할 수 없었다. 케인스가 경제 전체가 어떻게 작동하는지, 정부의 시장 개입으로 불황을 어떻게 피할 수 있는지를 '거시경제학적'으로 설명해서 이 결점을 메웠다고들 한다.

이것이 정부 부서, 언론, 교육계에서 정설이었다. 또한 노동당 정치인들에게도 정설이었다. 앤서니 크로스랜드와 존 스트레이치는 1956년에 출판한 매우 영향력 있는 두 권의 책에서 마르크스가 자본주의 체제의 안정 가능성을 과소평가했으므로 시대에 뒤처진 것이라고 주장했다.[3] 이들은 케인스의 가르침을 적용하면 불황이 다시 발생하지 않고 빈곤이 몇 년 안에 완전히 사라질 것이라고 주장했다.

그런데 1970년대 중반에 이러한 '케인스주의' 정설이 갑자기 산산조각 났다. 서방 선진국 경제들이 경기후퇴로 고통을 겪었고, 케인스가 설파한 수단들은 각국 정부에 경기후퇴를 피할 수 있는 수단을 제공하기는커녕 실업과 함께 인플레이션만 가져다주는 듯했다. 케인스주의 유행이 갑자기 시들해지면서, 전에는 비주류였던 밀턴 프리드먼과 프리드리히 폰 하이에크의 사상에 바탕을 둔 '새고전학파' 경제 이론이 케인스주의를 대체했다.

새고전학파는 케인스 이전의 옛 사상들로 되돌아가야 한다고 설파했다. 이들은 정부 개입이 경제활동을 개선하기는커녕 더 악화시킨다고 주장했다. 그들이 보기에 정부가 할 수 있는 '정당한' 구실은 화폐 공급을 통제하고 '인위적 독점'이 시장, 특히 노동시장에 개입하지 못하게 막는 '통화주의' 정책뿐이었다. 시장은, 가만히 놔두면, 걷잡을 수 없는 디플레 불황이나 인플레 호황을 일으키지 않고 제대로 작동한다는 것이었다.

그러나 케인스의 정책과 마찬가지로 프리드먼과 하이에크의 정책도 자본주의 체제를 안정시킬 수 없었다. 영국의 대처 정부처럼 이 정책에 환호했던 정부들도 인플레이션이나 계속되는 경기후퇴를 막지 못했다. 그 결과 하이에크주의자들과 통화주의자들은 서로 공개적으로 다툰다. 그런데 '케인스주의 조처'를 사용해 체제를 손쉽게 개혁할 수 있다고 주장한 사회민주주의 정당들은 하이에크주의나 통화주의 처방을 대체할 다른 대안이 없다. 그들은 '케인스주의적' 개혁이 '세계화' 때문에 불가능하다고 선언하고, 이론과 실천에서 시장의 실패가 그 어느 때보다 더 분명한데도 '시장의 무오류성'을 수용한다.

지난 사반세기 동안 이 체제가 무엇이 잘못됐고 어떻게 하면 올바른 길로 되돌려 놓을 수 있는지를 설명하지 못했다는 점에서 부르주아 경제학은 위기에 빠져 있다. 부르주아 경제학은 한편으로 대학 교과서나 IMF, 세계은행 보고서처럼 지루하게 시장을 옹호하거나, 다른 한편으로 체제의 결함을 지적하고 이를 해결할 방법이 전혀 없다고 솔직히 시인하는 것 사이에서 이러지도 저러지도 못하고 있다.

케인스 이전의 부르주아 경제학

케인스 이전의 경제 정설은 보통 '신고전학파neo-classical' 또는 '한계효용학파'로 불렸다(케인스는 자기 책에서 이들을 '고전학파classical school'라고 불러서 혼란을 준다). '신고전학파'와 '한계효용학파'는 1870년대와 1880년대에 오스트리아인 멩거와 뵘바베르크, 영국인 제번스와 마셜, 프랑스인 발라, 이탈리아인 파레토, 미국인 클라크가 그 이전 반세기 동안 주류 경제학을 괴롭혔던 문제들을 해결하려고 시도하면서 등장했다.[4]

당시까지 경제학자들은 18세기 중반의 스코틀랜드인 경제학자 애덤 스미스와 19세기 초반의 영국인 경제학자 데이비드 리카도의 사상에 의존했다. 스미스와 리카도는 근대 자본주의가 옛 지주들, 중상주의자들과 패권을 다투고 있던 때에 글을 썼다. 스미스와 리카도의 주된 관심사는 무엇이 사회의 부를 증진시키는지, 그리고 무엇이 상이한 사회 계급들 — 특히 신흥 자본가 계급과 옛 지주들 — 사이에서 부의 분배를 결정하는지에 관한 것이었다. 두 사람은 이 문제들을 해결하기 위한 전제 조건으로 객관적 가치척도를 고안했다. 스미스는 비록 일관되게 발전시키지는 못했지만 노동이 가치척도라고 주장했다. 리카도는 더 나아가 노동이라는 개념을 바탕으로 자신의 전체 체계를 세웠다.

그러나 리카도는 후세의 부르주아 경제학자들에게 두 가지 중요한 문제를 남겼다. 하나는 이론적 문제였는데, 즉 자본의 양은 똑같지만 노동의 양을 달리 사용하는 자본가 사이에서 이윤이 어떻게 평균화하는지를 설명하는 것이었다.[5] 다른 하나는 이데올로기적 문제였는데, 즉 한 계급이 다른 계급을 착취한다는 설명 말고 도대체 어떻게 이윤의 존재를 정당화하는 설명을 할 것인가 하는 문제였다. 이 문제들을 해결하지 않으면, 현존 사회를 비판하는 급진파들이 리카도의 체계를 이용해 지주뿐 아니라 자본주의 전체를 공격하는 것을 막을 수 없을 터였다.

반세기 동안 부르주아 경제학자들은 이 문제들과 씨름하면서 허우적거렸다. 마르크스가 지적했듯이, 그들은 리카도에게서 얻은 추상적 표현들만 단순 반복하면서 그 표현들이 구체적 현실과 어떻게 연관되는지를 보여 주지 못하는 스콜라주의와 이윤을 옹호하려고 리카도의 통찰을 내팽개치는 것 사이에서 오락가락했다. 두 경우 모두 피상적 외관을 뚫고 근본적 원인을 찾으려 했던 스미스와 리카도의 과학적 방법을 내던져 버리고 천박한 '속류 경제학'을 옹호했다.

한계효용학파는 이 과정에서 한 단계 더 나아갔다. 그들은 객관적 가치척도라는 생각 자체가 잘못이라고 여겨 이를 폐기하면 리카도 체계에서 발생하는 문제가 모두 해결된다고 선언했다.

그렇지만 이들은 스미스와 리카도의 주장을 모두 부정하지는 않았다. 이들은 스미스와 리카도의 주장에서 시장의 자유로운 작용을 정당화하는 듯한 것은 열렬히 받아들였다. 애덤 스미스의 '보이지 않는 손'을 예로 들 수 있다. 이 논리에 따르면, 사회 전체의 이익을 만족시키는 최선의 길은 개별적 이해관계에만 관심을 가진 생산자들에게 자유경쟁을 허용하는 것이다. 또 다른 예는 자유무역을 옹호하는 리카도의 '비교 우위론'이다. 당시 한계효용학파는 자신들의 체계 중심에다 프랑스 경제학자 장 바티스트 세가 주장했고 리카도가 받아들인 '법칙'을 갖다 놓았다. 이 법칙은 "공급이 스스로 수요를 창출하기" 때문에 전반적 과잉생산 공황은 불가능하다는 것이었다. 세는 한 기업이 생산한 재화에서 원료비 외의 추가 가치는 노동자들에게 지급된 임금과 자본가에게 지급된 이윤을 합친 것과 똑같다고 주장했다. 그래서 경제 전체로 보면, 대중의 주머니 속에 있는 임금과 이윤의 총량은 생산된 재화를 모두 살 수 있는 양과 정확히 똑같다는 것이다.

따라서 어떤 이유로든 사람들이 갖고 있는 재화를 팔지 않으려 하거나 자신의 주머니에 있는 돈을 소비하지 않으려 하지만 않는다면 불황은 논리적으로 불가능하다는 것이다. 한계효용학파가 자신들의 사상을 발전시키기 약 20년 전에 존 스튜어트 밀은 당시 널리 퍼진 사상을 이렇게 표현했다.

> 개인이 다른 사람의 생산물을 사기 위한 수단은 주로 그 자신이 소유한 것[상품 — 하먼]이다. 모든 판매자는 말 그대로 필연적으로 구매자이기도 하다. …… 모든 상품의 수요를 넘어서는 …… 전반적 공급과잉은 …… 불가능하다. 사람들은 자신의 …… 저축을 …… 생산적으로, 즉 노동을 고용해서 소비하기 마련이다.[6]

한계효용학파는 기꺼이 이 견해를 자기 체계의 핵심 특징으로 통합했다. 이들은 경제학의 주된 관심이 무엇이어야 하는지를 둘러싸고 스미스-리카도의 전통과 단절했다. 그들은 부의 창출이나 계급 간 부의 분배에는 관심을 두지 않았고, 인간이 의식적으로 개입하지 않아도 시장을 통한 가격 결정이 자동으로 가장 효율적인 경제 운용 방식으로 이어진다는 것을 보여 주고자 했다. 그래서 이들은 노동이 생산에서 객관적 필수 조건이라고 강조하는 옛 가치론을 버렸다.

그들에게 가치는 객관적 척도가 아니라 개인이 한 상품의 추가 한 단위('한계 증가분')에서 얻는 '효용'이라는 주관적 척도로 바뀌었다. 사람들이 각 상품의 '한계효용'을 어떻게 비교하는지를 보여 주는 곡선을 그릴 수 있는데, 이 곡선은 사람들이 자유 시장에서 자유로운 선택을 할 때 개별 상품을 구입하는 데 쓸 용의가 있는 상대적 양을 가리킨다.

이 곡선은 재화의 생산비를 나타낼 수도 있다. 한계효용 경제학자들은 이것을 두 가지 방식으로 측정했다. 제번스와 마셜 같은 사람들은 생산에 참여하는 사람들이 여러 가지 힘든 일이나 마이너스 효용, 즉 '불편'을 경험한다는 가정에서 출발했다. 노동자들은 일을 해야 하지만 대부분은 아무 일도 하지 않는 것이 더 행복하다고 여긴다. 그리고 투자가들은 얼마간의 부를 현재 소비하지 않는 '희생'을 통해서 미래에 더 많은 부를 얻을 수 있다. 임금과 이윤은 저마다 겪는 '불편'에 대한 '보상'이며, 따라서 똑같이 공평하다.[7] 뵘바베르크 같은 한계효용 경제학자들은 노동이라는 고통과 저축이라는 '희생'을 조야하게 똑같이 취급하기 힘들다는 점을 시인하면서 다른 견해를 채택했다. 그들은 생산비가 생산에 사용된 다양한 재화(노동자의 소비재 더하기 원료와 기계류 등)의 '효용'에 달려 있지만, 재화가 즉시 소비되지 않고 오랫동안 생산수단으로 사용될 때 생기는 생산량 증가분도 고려해야 한다고 주장했다. 이 추가 요소가 자본에 대한 이자 상환의 기초였다.[8]

모든 한계효용 경제학자들은 노동과 자본이 모두 '생산요소'이며, 각각은 '총효용'을 증가시킨 것에 대해 (임금과 이윤으로) '보상받는다'고 주장했다. 개별 재화의 추가 증가분('한계 증가분')을 제공할 때 드는 비용은 '수요곡선'으로 나타낼 수 있다. 그리고 그러한 수요곡선이 공급곡선과 만나는 지점에서, 상품을 생산하는 데 드는 '한계비용'과 그 상품 구매자가 얻는 '한계효용'이 같아진다. 그 지점에서 재화의 가격은 생산자가 소비자의 필요를 가장 효율적으로 충족시킬 수 있게 해 준다.

모든 한계효용 경제학자들은 오직 하나의 '균형점'에서만 이런 일이 일어날 수 있다고 주장했다. 그들은 이렇게 되는 이유가 바로 수요곡선과 공급곡선이 서로 반대 방향으로 기울어져 단지 한 번만 만나기 때문이라고 주장한다. 수요 측면에서 특정 재화에 대한 사람들의 욕구는 그 재화를 많이 소유할수록 줄어들고 그래서 더 많이 구할 수 있다면 그 재화에 대한 '수요'는 줄어들 것이다. 이와 달리 공급 측면에서는 리카도가 농업에서 수립한 '수확 체감의 법칙'을 공업에 적용해, 더 많이 생산할수록 재화의 생산비가 증가한다고 주장한다.[9] 100만 1번째 생산하는 소형 도구나 나사, 자동차, 햄버거는 항상 100만 번째보다 더 많은 비용이 든다. 이 때문에 공급 비용은 생산량이 늘어날수록 항상 증가하며, 사람들이 특정 재화를 더 많이 구할 수 있다면 그 재화에 지불할 용의가 있는 가격은 더 떨어질 것이다.

더욱이, 한계효용 경제학자들은 공급곡선과 수요곡선이 개별 재화뿐 아니라 경제에서 생산되는 재화 전체에 대해서도 존재한다고 주장했다. 소비자가 자신의 돈을 마음대로 쓸 수 있고 자신이 가진 재산의 한도 안에서 원하는 것은 무엇이든지 구매할 수 있다면, 특정 가격으로 최대의 효용을 얻을 수 있는 재화들을 선택할 것이다. 그리고 생산자가 무엇이든 마음대로 생산할 수 있고 또 그 재화의 가격을 원하는 대로 정할 수 있다면, 자신에게 주어진 비용으로 효용을 극대화할 수 있는 생산물을 생산할 것이다. 즉 토지, 노동, 자본의 가장 경제적인 조합combination을 선택할 것이다.

이러한 그림에 따르면, 전체 경제는 거리의 시장과 같은 것이다. 즉, 과일과 채소를 사려는 사람은 사과, 토마토, 감자 등을 어떻게 조합해서 사야 자신의 주머니에 있는 돈으로 최고의 가치를 얻을 수 있을지를 계산하고, 파는 사람은 자신의 재화로 받을 수 있는 최고의 가격을 계산하는 시장 말이다. 저마다 상대방과 흥정을 해서 거래가 성사되면 전체 생산물이 팔리게 된다. 그리고 소매상은 도매시장의 구매자이고, 도매상은 생산자에게 구매자가 되는 이러한 방식으로 가격의 전체 네트워크가 형성되면, 정확히 사람들이 원하는 것이 생산될 수밖에 없다.

그래서 사회 전체의 총공급곡선과 총수요곡선을 합하면 전체 경제에서 생산된 재화의 범위와 수량이 사람들이 사려고 하는 것과 일치한다는 것을 보여 줄 수 있다. 이것이 프랑스 경제학자인 발라가 방정식과 그래프가 잔뜩 있는 수백 쪽의 글에서 주장한 것이다.[10]

판매자가 자신의 재화를 사는 구매자가 치르려 하는 가격 — 즉, 이 재화의 '한계효용' — 보다 더 많이 받으려고 우길 때만 문제가 발생할 수 있다. 그러면 방정식은 균형이 맞지 않게 되고, 시장은 '수요와 공급의 일치'가 이뤄지지 못하고, 판매되지 않은 재화가 재고로 쌓이게 된다. 그러나 이것은 '자연스런' 가격을 책정하지 않으려 한 재화 판매자의 잘못이며, 시장의 자유로운 작동을 방해하는 장애물이 전혀 없다면 — 즉, 판매자가 서로 자유로이 경쟁하고, 구매자는 자신이 원하는 상점에서 자유롭게 살 수 있다면 — 판매자는 시장의 압력 때문에 곧 정신을 차리게 될 것이다.

이러한 관점에서 보면, 노동도 여느 재화와 다를 게 없다. 노동자가 자신의 노동이 창출하는 추가 효용보다 더 많은 임금을 요구한다면 어느 누구도 노동자를 고용하지 않을 것이고, 그러면 실업이 생길 것이다. 그러나 노동자들이 임금을 낮춰서라도 일할 준비가 돼 있다면 수요와 공급은 다시 일치하고 완전고용으로 되돌아갈 것이다. 노동자들이 낮은 임금을 받아들이지 않게 만드는 '인위적' 유인誘因(노동조합의 압력이나 노동자들이 일하지 않아도 먹고살 수 있도록 지원하는 국가보조금)만 없다면, 세의 법칙은 제대로 작용할 것이다. 이는 지금까지도 최저임금 도입이 일자리를 파괴할 것이라는 주장의 저변에 깔려 있는 사상이다.

한계효용 이론의 문제점

이러한 '신고전학파' 사상은 40~50년에 걸쳐 발전했는데, 그 과정에서 다양한 한계효용 경제학자들 사이에 해석의 차이가 생겨났다. 예컨대 한 사람이 어떤 재화에서 얻는 '효용'을 다른 사람이 다른 재화에서 얻는 '효용'과 비교할 방법이 없으며, 따라서 사회 전체의 '효용 곡선'이라는 생각 자체가 무의미하다는 명백한 비판에 많은 한계효용 경제학자들이 굴복했다. 그래서 그들은 '효용'이라는 용어를 '경제적 만족ophelimity'으로 바꾸거나 심지어 가치 개념 자체를 폐기하는 것으로 대응했다. 그럼에도 '한계효용' 이론은 노동가치론에 대한 '현대'식 답변으로 여전히 대학 교과서에 실려 있고 학교에서 가르치고 있다.

영국 한계효용 이론가로 가장 유명한 마셜은 자신의 주저 ≪경제학 원리≫에서 현실 세계의 경제는 한계효용 모델을 적용할 수 없는 점이 많다는 사실을 시인했다. 그는 사치스럽게 생활하는 억만장자가 '절제'의 대가로 이윤을 받는다는 것은 얼토당토않은 생각이며 '절제'보다는 '기다림'의 대가라고 하는 것이 더 낫다는 점을 수긍했다. 그는 수확체감의 법칙이 적용되지 않는 일이 왜 일어나는지를 자기 책의 여러 곳과 부록에서 설명하려 했다. 따라서 수요곡선과 공급곡선이 예상하지 못한 점에서 교차하거나 심지어 한 점이 아니라 여러 점에서 교차하기조차 한다. 이것은 안정적 균형점이 단 하나뿐이라는 생각 자체를 뒤흔드는 것이었다. 다른 곳에서 그는 노동가치론을 사용하는 것이 때로는 더 낫다고 주장했다. "화폐의 실질 가치는 몇 가지 점에서 상품보다는 노동에서 더 잘 측정된다"고 말했다. 물론 "이러한 어려움 때문에 우리가 이 책에서 하는 탐구가 영향받지는 않을 것이다" 하고 서둘러 덧붙이기는 했지만 말이다.[11]

마셜은 자신의 이론에 있는 커다란 결점, 즉 시간이 지남에 따라 변하는 경제에서 벌어질 사태를 예상할 수 없다는 점을 언뜻 시인했다. 한계효용 이론은 소비자의 특정한 선호 체계에 바탕을 둔 특정한 수요가, 현재의 기술 조건과 현재의 토지, 노동, 자본에 바탕을 둔 공급과 만났을 때 가격이 형성된다고 설명한다. 이 이론은 자본이 끊임없이 축적되고 생산기술이 끊임없이 발전해서 생산에 투입되는 기존 생산물의 수요 · 공급 패턴이 바뀌는 현실에는 전혀 주의를 기울이지 않는다. 마셜은 "시간은 …… 경제학의 많은 난제의 근본 원인"이라고 썼다.[12] 그리고 그는 축적 과정이 한계효용 이론가들에게 여러 가지 문제를 야기한다는 점을 시인했다.

> 생산량의 변화, 생산방식의 변화, 생산비의 변화는 항상 서로 영향을 미친다. …… 그러므로 이 세계에서는 생산비와 수요와 가치의 상호 연관에 대한 간단명료한 원리는 모두 반드시 틀릴 수밖에 없다. …… 가치 이론을 가르치거나 연구하고 그것을 쉽게 발견할 수 있다고 굳게 믿는 경제학자보다 자신의 상식과 실천적 본능을 믿는 사람이 더 뛰어난 경제학자일 것이다.[13]

발라도 "생산에는 일정한 시간의 경과가 필요하다"고 잠깐 인정했다. 그러나 그는 이 문제를 그냥 무시해 버렸다. "우리는 이 지점에서 시간 요소를 그저 무시함으로써 그 …… 어려움을 해결할 수 있을 것이다."[14]

마치 축적을 통해 형성된 생산 기구가 모두 변하더라도 수요와 공급 구조의 변화가 일어나지 않는다는 듯이, 발라는 시간이 지나더라도 가격은 변하지 않을 것이라고 주장했다.

> 문제의 자료들이 어떻게 변화할지를 예측하기가 어렵다는 단순한 이유 때문에 약간 불확실한 측면이 나타날 수 있다. 그러나 이러한 자료들이 특정 기간에 변하지 않는다고 가정하면, 그리고 그 기간 내내 재화 · 서비스의 가격과 그 구매 · 판매 시점을 알 수 있다고 가정하면, 불확실성은 나타나지 않을 것이다.[15]

달리 말하면, 자본주의 경제에 대한 발라의 분석은 모두 자본주의 경제의 가장 특징적인 양상 — 축적, 기술 변화, 그에 따른 생산비 감소 — 이 전혀 일어나지 않는다는 것을 전제하고 있다!

마지막으로, 한계효용 경제학자들은 실제로는 경제가 호황과 불황의 '경기순환'을 겪는다는 것을 인정해야 했다. 한계효용 이론의 주장과 달리, 그런 순환에서는 몇 가지 이유 때문에 수요와 공급이 항상 균형을 유지하지는 않았다. 그러자 한계효용 학자들은 기본적으로 건강한 체제를 일시적으로 왜곡시키는 외부적 요소 때문에 그런 일이 벌어진다고 비난했다. 그래서 제번스는 — 그가 보기에 — 무역풍을 빠르게 하거나 느리게 하는 태양의 흑점 때문에 경기순환이 발생한다고 썼으며, 발라는 가격이 수요 · 공급과 맞지 않아서 경제 위기라는 혼란이 일어난다고 보면서 그것은 마치 얕은 호수 위에 태풍이 지나가는 것과 비슷하다고 말했다.[16] 그들은 경제 위기를 일시적 일탈로 여기고, 효율적인 경제의 작동 방식을 규정하는 불가항력적 법칙 체계에 대한 신념을 고수했다.

한계효용학파의 논리는 현존 경제체제가 최상의 가능한 세계이며, '최적의' 생산 조건을 제공하고,[17] 어떤 상황에서도 "희소자원"을 "경쟁적 부문들" 사이에 배분할 수 있는 법칙을 제공한다는 것이다.[18] 영국의 주류 경제학자 로빈스나 오스트리아 경제학자 폰 미제스 같은 사람들에게 한계효용 이론은 경제적 의미에서 민주주의를 표현한 것과 다름없었다. 소비자들이 자기 돈을 원하는 대로 자유롭게 소비하는 것은 곧 가격 메커니즘을 통해 원하는 생산 품목에 '투표'하는 것과 마찬가지라는 것이다. 이런 주장은 현재의 부와 소득 불평등을 정당화할 수 있다.

> 부자의 소비가 가난한 자의 소비보다 비중이 더 큰 것은 그 자체로 '선거의 결과'다. 왜냐하면 자본주의 사회에서 부는 소비자의 욕구에 부응하는 경우에만 획득되고 또 유지될 수 있기 때문이다. 그래서 성공한 기업인의 부는 언제나 소비자가 투표한 결과가 된다.[19]

모든 한계효용 경제학자들이 이처럼 반동적인 것은 아니다.

버나드 쇼는 제번스의 한계효용 이론을 바탕으로 페이비언 사회주의를 주장했다. 그리고 학계의 일부 한계효용 이론가들은 신고전학파 모델을 현실에 완전하게 적용하면 부와 소득의 사회주의적 재분배가 이뤄질 것이라고 주장했다.

그러나 좌파 한계효용 이론가들 역시 우파 이론가들만큼이나 자신들의 경제 이론이 시장의 효율성을 입증한다고 믿었다. 그들은 모두 자신들이 불가항력적 경제법칙 체계를 발전시켰으며 시장의 작동에 개입하는 것이 좋은 결과보다는 나쁜 결과만을 가져다준다는 것을 입증했다고 생각했다. 국가 개입이 필요한 때라도 그 개입은 이러한 경제'법칙'을 어겨서는 안 되고 순응해야 한다는 것이었다.

케인스와 세의 법칙

케인스의 ≪일반 이론≫에는 신고전학파 경제학자들의 일부 주장에 대한 비판이 많다. 그러나 이 비판이 신고전학파 이론의 전체 체계를 공격한 것은 결코 아니었다. 케인스는 마셜 밑에서 공부했으며, 정치인들이 실수만 하지 않는다면 '자유' 시장이 잘 작동할 것이라고 여러 해 동안 생각했다. 1920년대 중반에 그는 정부의 특정 정책을 강하게 비판하면서도 케임브리지 대학생들에게는 "자본주의의 번영이 지속될 것이라는 장밋빛 전망"을 제시했다.[20] 그는 "우리 생애에 더는 주가 폭락은 없을 것"이라고 사람들에게 장담하기도 했다.[21] 심지어 1930년대 초에 대공황을 경험한 뒤에도 한계효용학파의 주요 개념을 당연한 것으로 계속 받아들였다.

그러나 케인스는 경제 정설의 주요 주장 두 가지 — 세의 법칙과 임금 삭감이 완전고용 회복 방안이라는 생각 — 에 도전했다.

세의 법칙에 대한 케인스의 비판은 간단하고 직접적이었다. 앞에서 봤듯이, 세의 법칙은 재화를 생산하는 데 지급한 임금과 이윤이 그 재화를 사기 위해 필요한 총액과 같으며 따라서 그 재화는 항상 다 팔릴 수 있다는 것이다.

케인스는 이 주장이, 사람들이 저축을 할 때마다, 저축하지 않았으면 그냥 소비됐을 상품과 노동이 "자동으로 자본재 생산에 투자된다"는 가정을 바탕으로 하고 있다고 지적했다. 이것은 "교환이 없는 일종의 로빈슨 크루소 경제"에서는 사실일 수 있는데, 그런 경제에서는 개인들이 원하는 것을 모두 스스로 생산하고, 현재의 생산 활동의 결과인 생산물의 일부를 미래의 생산을 위해 남겨 놓을 때만 '저축'이 발생할 수 있기 때문이다.[22] 그러나 화폐경제에서는 분명히 사실이 아니다. 왜냐하면 화폐경제에서는 저축이라는 것이 화폐가 재화 구입에 쓰이지 않고 비축된다는 것을 의미할 뿐이기 때문이다.

화폐 축장蓄藏의 형태로 저축이 이뤄질 수 있다면 임금과 이윤으로 지급된 화폐 중의 일부는 재화에 소비되지 않을 것이고, 생산된 재화가 모두 팔리지도 않을 것이다. 그러면 재화 시장에서 과잉생산이 발생할 수 있다.

케인스는 "본질적으로 서로 다른 두 활동을 같은 것으로 보이게 만드는 착시 현상에 속기" 때문에 이 점을 보지 못하는 것이라고 주장했다. 그런 생각은 노동과 재화가 바로 소비돼서 저축이 이뤄지지 않으면 투자도 이뤄질 수 없기 때문에 저축과 투자는 같은 것이라고 가정하는 것이다. 그러나 저축과 투자는 같지 않다. 그 둘은 흔히 서로 다른 사람들이 서로 다른 이유에서 하는 서로 다른 활동이다. 따라서 사람들은 투자가 아니라 높은 수준의 저축을 원할 수도 있다.

케인스는 사람들이 다양한 동기로 저축을 한다고 주장했다. 지금이 아니라 나중에 물건을 사기를 원하거나, 미래의 어떤 시점에 일정한 비용을 치러야 한다는 것을 알거나, 예측하지 못한 사건에 대비해서 자신을 보호하기를 원하거나, 투기적 이유 등등 때문에 저축을 한다. 이 모든 요소들이 맞물려 사람들의 '저축 성향'이 결정된다.

반면에 투자 수준은 기업인이 미래에 얻을 것이라고 생각하는 이윤(케인스가 "자본의 한계효율"이라고 부른)에 달려 있다고 케인스는 주장했다. 미래의 예상 이윤이 낮다면 ― 그리고 자본주의가 노쇠해지면서 이윤이 하락할 것이라고 예상된다면 — 저축의 규모와 무관하게 투자는 조금도 이뤄지지 않을 것이다. 이러한 일이 벌어지면 경제의 총생산물은 다 팔릴 수 없다. 세의 법칙에서는 불가능하다고 배제한 사태, 즉 '과잉생산'이 벌어진다.

수요보다 공급이 많아지면 처음에는 기업에 재고가 쌓일 것이다. 기업은 생산을 줄이거나(또는 파산하거나) 임금과 이윤 수준을 낮추는 방식으로 대응할 것이다. 이렇게 해서 저축이 투자와 같은 수준이 될 때까지 줄어들어야만 총지출이 모든 생산물의 시장을 제공하는 '균형'에 도달할 것이다.

사실 케인스는 공급과 수요에 대한 낡은 정설을 뒤집었다. 낡은 정설은 저축이 증가하면 완전고용과 산업 시설의 완전한 가동을 유지할 정도로 투자가 증가한다고 봤다. 케인스는 투자가 저축만큼 높지 않다면 저축이 투자만큼 낮은 수준으로 떨어질 때까지 경제가 수축할 것이라고 주장했다.

> 그래서 소비성향과 신규 투자율이 정해져 있는 상황에서 균형과 조응하는 특정 수준의 고용이 있을 것이다. …… 그런데 이것이 완전고용과 같다고 가정할 이유는 전혀 없다.[23]

사실 ≪일반 이론≫이 출판되기 직전에 케인스가 썼듯이, "저축이 줄어 투자와 일치할 때까지 사회가 빈곤해지는 데 필요한 수치만큼 실업률은 높아진다."[24]

더욱이 악순환이 등장할 수 있다. 기업인들이 경제가 계속 확장될 것이라고 생각하지 않는다면 이윤이 낮을 것이라고 예측할 것이고 이에 따라 투자를 줄일 것이다. 그 결과 기업인들이 두려워하는 것처럼 성장이 멈출 것이다. 그러고 나면 경제의 생산량 수준은 투자가들이 다른 투자가들의 행동을 어떻게 예상하는지에 따라 결정된다. 그리고 낡은 정설이 주장한 것과는 달리, 이 생산량의 수준은 반드시 수요·공급이 노동과 자원의 완전한 활용을 보장하는 수준이어야 하는 것은 아니다.

케인스는 "우리는 일반적 의견이 어떤 일반적 의견을 기대하는지를 예측하는 데 우리의 지능을 집중시켜야 하는 3차 수준에 도달했다"고 말했다.[25] 그러나 이것은 투자가 "진정한 장기적 기대"보다는 투기에 의존하며, "한 나라의 자본 발전이 카지노 활동의 부산물일 때 일은 잘못되기 십상"이라는 것을 의미한다.[26]

정설 [경제학]의 커다란 실패 — 케인스가 리카도의 영향 탓이라고 다소 부당하게 비난한 — 는 대규모 실업과 반복되는 '과잉생산' 공황이라는 매우 명백한 현실에도 불구하고 위와 같은 사실들을 전혀 이해하지 못하는 무능력을 보였다는 점이었다. 정설의 승리는 오로지 이데올로기적 이유로만 설명할 수 있는 "기이하고 불가사의한 일"이었다고 케인스는 주장했다. "정설이 투영된 환경에 …… 정설이 여러모로 적합했기" 때문이라는 것이다.

내가 생각하기에, 교육받지 못한 보통 사람들이 생각하는 것과는 꽤 다른 결론에 도달했다는 사실이 정설에 지적 위신을 더해 줬다. 현실에 적용된 정설의 가르침이 엄격하고 흔히 유쾌하지도 않다는 사실이 정설에 미덕을 제공했다. …… 정설이 수많은 사회적 불의와 명백한 잔혹성을 진보의 계획에서 불가피한 사건으로 설명할 수 있다는 사실 덕분에 …… 정설은 권력자의 입맛에 맞았다. 정설이 개별 자본가의 자유로운 활동을 정당화하는 수단이 될 수 있었기 때문에 권력자 배후에 있는 지배적 사회 세력의 지지를 얻게 됐다.[27]

케인스와 임금 삭감

임금 삭감이 고용을 늘린다는 생각에 대한 케인스의 비판은 세의 법칙에 대한 공격처럼 신랄했다. 당시 경제 정설은 1921년 이후부터, 특히 1930년대 초 영국에서 경험한 매우 높은 수준의 실업을 단순히 무시할 수 없었다. 그러나 정설은 마셜의 후계자이자 케임브리지 대학교의 경제학 교수였던 피구의 주장을 이용해 그 현상을 설명하려 했다. 피구는 실업이 자유 시장 체제 때문이 아니라 노동시장의 불완전성 때문에 높아진다고 주장했다.

피구는 노동자들이 실질임금보다는 화폐임금에 관심이 더 많다고 주장했다. 그래서 물가가 하락해(1920년 이후부터 물가가 하락했다) 실질임금 가치가 오를 때조차 노동자들은 화폐임금의 삭감에 저항한다. 이렇게, 노동자들은 실질임금의 인상을 깨닫지 못하고 터무니없는 임금을 고집하다가 일자리를 잃는다. 케인스 자신도 오랫동안 이 주장을 받아들였다. 그러나 1930년대 초 불황의 규모 때문에 그는 이 주장에 도전하게 됐다. 케인스는 피구의 주장에서 두 가지 중대한 오류를 지적했다.

첫째, 피구의 주장은 경제 전체에서 화폐임금이 삭감되면 재화의 수요가 증대할 것이라고 가정한다. 그러나 노동자들에게 지급하는 임금을 줄이면 그 기업은 경쟁 업체들보다 가격을 낮춰 상품을 더 많이 파는 데 도움이 될지라도 경제 전체에서는 이런 효과가 나타날 수 없다. 사실 임금 삭감은 소비재 수요를 줄일 뿐이고, 수요 감소를 충분히 상쇄할 만큼 자동으로 투자를 늘리지는 못할 것이다.[28] 노동자의 소득을 기업과 주식 소유자, 소비성향이 노동자보다 낮은 집단에게 재분배하면 유효수요가 감소하고 실업이 증대할 수 있다.[29]

> 그러므로 유연한 임금정책이 완전고용 상태를 계속 유지할 수 있다고 믿을 근거는 없다. …… 경제체제는 이 방향으로 자기 조정 능력이 없다.[30]

임금 삭감이 고용 감소로 이어지고, 고용 감소가 임금을 더 삭감하는 악순환이 나타날 수 있다. "고용이 완전고용보다 낮아지는 경향을 보일 때마다 화폐임금이 한없이 하락한다면 …… 이자율이 더 떨어질 수 없거나 임금이 영零이 될 때까지 …… 중도에 멈추는 일은 없을 것이다."[31]

둘째로, 케인스는 설사 개별 노동자나 노동자 집단이 원한다고 할지라도 자신들의 실질임금을 낮출 방도는 사실상 없다고 주장했다. "고전학파[즉, 신고전학파 — 하먼] 이론은 노동자들이 화폐임금의 감소를 받아들여서 실질임금을 낮추는 것이 항상 가능하고 …… 노동자들이 노동의 대가로 받는 실질임금을 스스로 결정할 지위에 있다고 가정한다."

그러나 모든 신고전학파 이론은 가격이 적어도 부분적으로는 임금에 의존한다고 생각한다. 만약 모든 노동자들이 임금 삭감을 받아들인다면 모든 가격이 떨어질 것이며, 임금 구매력도 감소하지 않을 것이다.

> 따라서 이 학파는 화폐임금이 변하면 …… 가격은 거의 같은 비율로 변하지만, 실질임금과 실업 수준은 사실상 전과 똑같을 것이라고 주장할 것이다. …… 노동자 전체가 기업과 임금 협상을 해서 특정 수치까지 실질임금을 낮출 수 있는 어떠한 방안도 존재하지 않을 것이다.[32]

여기까지가 임금과 일자리에 대한 케인스의 두 가지 핵심 주장이지만 그는 논쟁을 위해서 그만큼 강력하지는 않은 세 번째 주장을 폈다. 즉, 실생활에서 노동자들은 자신들의 화폐임금을 다른 집단 노동자들의 화폐임금과 비교하지 실질임금과 비교하지 않는다는 것이다.[33] 비록 이러한 '화폐 환상' 주장이 다른 두 주장만큼 급진적이지는 않았지만 (아마도 바로 그렇기 때문에) 케인스의 중심 주장으로 제시되곤 했다. 이것은 사실상 실업을 야기하는 것이 화폐임금에 대한 집착이라는 의미로서 피구의 주장에 다시 문을 열어 주는 것이다.

악셀 레이온후부드가 지적했듯이, 많은 "케인스주의자들은 케인스가 비판했던 실업 설명 방식, 즉 경기 침체를 독점기업, 노동조합, 최저임금제 등의 '탓으로 돌리는' 주장으로 사실상 회귀했다." 이것은 "만약 경쟁이 회복될 수 있다면 '자동적인 힘'이 실업 문제를 해결할 것"이라는 결론으로 이어진다.[34] 폴 매틱이 자신의 저서 ≪마르크스와 케인스≫에서 케인스를 비판한 것도 이와 똑같은 오해에 바탕을 두고 있다.

> 케인스는, 특정 조건에서 실업이 경제적 균형과 양립할 수 없는 실질임금 수준을 보여 준다는 주장이나 또 실질임금을 낮추면 자본 수익성과 투자율이 높아져서 고용이 늘어날 것이라는 주장에 의문을 제기하지 않았다. 그러나 케인스는 임금이 일반적으로 받

아들여지는 것보다 덜 유연하다는 점을 발견했다.[35]

사실 케인스는 임금 삭감이 이윤과 투자를 늘려 고용을 창출할 것이라는 주장을 검토한 뒤에 일반적으로 이것은 사실이 아닐 것이라고 주장했다.[36] 케임브리지 대학교에서 케인스의 협력자 중 한 명이었던 조앤 로빈슨은 이렇게 지적했다.

> 케인스 혁명은 임금 삭감이 실업을 줄이는 가장 좋은 방법이라는 당시의 정설을 반박하면서 시작됐다. 케인스는 임금의 전반적 삭감에 비례해 가격 수준도 어느 정도 낮아질 것이고 그래서 부채 부담이 증대하고 투자가 줄고 실업이 증대할 것이라고 주장했다.[37]

그녀는 또한 케인스와 비슷한 이론을 독자적으로 발전시킨 미하우 칼레츠키가 가격이 임금에 의존한다는 신고전학파 견해와 무관하게 그 주장 자체가 매우 설득력 있다고 덧붙였다고 지적했다. "가격이 하락하지 않는다면 사정은 더욱 나빠진다. 왜냐하면 실질임금이 하락할 것이고 소비재 구매가 줄어들어서 곧바로 실업이 증가할 것이기 때문이다."[38]

급진적 언사와 보수적 정책

케인스는 오늘날 지배 집단에서 다시 유행하는 신념, 즉 '자유 시장' 체제가 인류의 모든 문제를 자동으로 해결해 줄 수 있다는 신념을 신랄하게 비판했다. 케인스는 실업의 대안이 임금 삭감이나 부자들에게 저축을 위한 '인센티브'를 제공하는 것은 아니라고 거듭 주장했다. 그리고 때때로 '자유 시장'의 폐해에 대한 그의 비판은 꽤 급진적으로 들릴 수도 있다. 예컨대, 1933년 더블린 강연에서 케인스는 경제 정설을 다음과 같이 비판했다.

> 부유해지기 위한 '대가를 치르지' 않는다면 우리는 가난한 채로 살 수밖에 없습니다. 우리는 궁전 같은 좋은 집을 지을 수 없어서가 아니라 '경제적 여유가 없기' 때문에 허름한 집에서 살 수밖에 없습니다. …… 전쟁 발발 이후 영국에서 우리는 실업수당에 돈을 쓴 덕분에 우리 도시들을 세계에서 가장 위대한 작품으로 만들 수 있었습니다. …… 우리의 경제체제는 우리가 기술 진보 덕분에 경제적 부를 쌓을 수 있는 가능성을 최대한 이용하는 것을 가로막고 있습니다.[39]

케인스는 ≪일반 이론≫에서 이자가 저축하는 사람들의 절제에 대한 보상이라는 생각을 혹평하면서 "오늘날 이자는 진정한 희생을 전혀 보상하지 못하고 있으며 토지의 지대도 마찬가지"라고 주장하고는 배당금으로 살아가는 "불로소득 생활자"의 점진적 "안락사"를 주장하기도 했다.[40]

그러나 케인스는 이 말을 그 어떤 의미에서도 현존하는 경제 체제에 대한 혁명적 도전을 의미하는 것으로 여기지 않았다. 그는 자신의 이론이 "어찌 보면 다소 보수적 함의가 있다"고 주장했다.[41] 현 체제가 제대로 작동하려면 현존 국가가 낡은 정설을 버리고 투자와 소비수준을 높이기 위해 경제생활에 개입해야 한다. 이를 위해 두 가지 조치가 필수적이다.

첫째로, 케인스는 정부가 화폐시장에 개입해서 이자율을 낮출 수 있다고 주장했다. 이것은 부유한 사람들이 자기 소득을 절약하기보다 소비하도록 촉진하고, 그래서 다른 기업들의 생산물에 시장을 제공함으로써 기업이 투자할 수 있도록 고무할 것이다. 물론 케인스는 "이자율에 영향을 미치는 화폐 정책이 성공을 거둘지에 대해서는 어느 정도 회의적"이라고 지적했다.[42]

둘째로, 정부는 차입으로 자금을 충당해 직접 지출할 수 있다. 이러한 '적자재정'은 재화의 수요와 고용 규모를 늘릴 것이다. 또한 '승수효과'(케인스의 케임브리지 대학교 동료인 칸이 발견했다) 때문에 [세수가 늘어나] '적자재정'은 결국 상쇄될 것이다. 정부 지출 덕분에 일자리를 얻은 노동자는 자신의 임금을 소비할 것이고, 그래서 다른 노동자들이 생산한 상품에 시장을 제공할 것이고, 그러면 이 노동자들도 임금을 소비할 것이고 그런 식으로 시장은 계속 커져 갈 것이다. 경제가 완전고용 수준에 근접해 갈수록 정부 수입은 소득세와 소비세를 통해 이전의 재정지출 증가를 충분히 충당할 수 있을 때까지 증가할 것이다.

이러한 두 조치는 완전고용을 이루기 위한 전형적인 '케인스주의' 수단으로 여겨졌다. 1940년대, 1950년대, 1960년대와 1970년대 초에 보수당과 사회민주당 정치인들이 경제 관리의 핵심으로 여긴 정책이 바로 이러한 것들이다.

≪일반 이론≫의 몇 가지 점을 보면 케인스는 더 급진적인 형태의 국가 개입을 기대한 듯하다. 그는 국가가 투자의 장기적 결과를 "측정할 수 있는 위치에 있으며" 그래서 "투자를 직접 조직하는 막중한 책임"을 질 수 있다고 주장했다.[43] 케인스는 "다소 포괄적인 투자의 사회화가 완전고용에 근접할 수 있는 유일한 수단임이 드러날 것"이라고 주장했다.[44] 그렇다고 해서 "국가사회주의"에 의존한 것은 아니었다. 왜냐하면 "국가가 해야 할 중요한 일이 생산수단을 소유하는 것은 아니기" 때문이다.

국가가 "전체 자원"을 새로운 투자에 집중하도록 결정하기만 하면 "필요한 것을 모두 달성할 것이다."[45] 그래서 "정부 당국이 민간사업과 조화를 이룰 수 있는 모든 종류의 절충안과 방책이 존재할" 가능성이 있다. 이것은 "점진적으로 그리고 사회의 일반적 전통과 단절 없이" 필수적 변화들을 가져올 것이다.

낮은 이자율이 채권 소유자의 입지를 약화시켜서 불가피하게 “투자의 사회화”가 뒤따를 것이며, 정부의 경기 부양에 의존하는 사업가들은 정부가 점점 더 중심적인 구실을 하도록 용인하게 될 것이다. 과거와 급진적으로 단절할 필요가 없을 것이다.

케인스는 이러한 변화가 결코 혁명적이지 않을 것이라고 생각했기에 그런 변화가 일단 제자리를 잡으면 기존의 경제 정설이 적용될 수 있을 것이라고 주장했다.

> 만약 우리의 중앙 통제가 …… 완전고용을 …… 실현하는 데 성공한다면 고전학파 이론은 다시 제 효과를 낼 것이다. …… 그러면 개인들의 이해관계에 따라 특히 무엇을 생산할지, 생산요소를 어떤 비율로 배합할지, 최종생산물의 가치를 개인들 사이에 어떻게 분배할지가 결정되는 것에 대한 고전학파의 분석에 …… 아무런 반대도 없을 것이다.[46]

개혁 대 혁명

케인스는 자신의 방법이 자본주의를 자본주의 자체에서 구할 뿐 아니라 젊은이들을 마르크스주의의 유혹에서 구할 수 있는 유일한 길이라고 믿었다. 케임브리지 대학교에서 케인스와 친했던 줄

리언 벨은 1933년에 세계경제 위기의 충격과 유럽에서 파시즘의 성장 때문에 학생들이 급격히 좌경화하는 것을 다음과 같이 묘사했다.

> 1929년과 1930년에 처음 접한 케임브리지에서 …… 내가 기억하는 한 우리는 정치에 대해 거의 말하지 않거나 생각하지 않았다. 1933년 말에는 우리의 토론 주제가 오로지 현실 정치뿐이고 재능 있는 학부생들이 대부분 공산당원이거나 공산당원이 돼 가고 있는 상황에 이르렀다.[47]

케인스는 이러한 사태에 당황스러워했으며, 그래서 "마르크스주의를 혹독하게 공격했다." 케인스는 벨에게 공산주의는 일종의 "종교"이며 "마르크스주의는 모든 것 중에서 최악의 것이며 낡은 리카도가 저지른 오류 위에 세워진 것"이라고 말했다.[48] 그는 1935년 초 버나드 쇼에게 보낸 편지에서 자신의 새로운 이론이 "마르크스주의의 리카도적 토대를 …… 두들겨 팰 것"이라고 말했다.[49] 그 후에 그는 학생들에게 "마르크스주의는 …… 복잡한 속임수이며, 유일한 가치라곤 뒤죽박죽 사고뿐"이라고 말했다.

1934년에 케인스는 새로운 이론을 발표하는 일련의 강연회에서 자신의 주장을 더욱 논리적으로 펼쳤다. 그는 신고전학파의 주장과 마찬가지로 마르크스주의도 국가 개입이 자본주의의 작동을 개선시킬 수 없다는 점을 받아들이기 때문에 잘못됐다고 주장했다.

> 마르크스주의자들은 초超정설 경제학자들이 돼 가고 있습니다. 그들은 국가 개입을 통해 얻을 수 있는 것이 아무것도 없다는 점을 보여 주기 위해 리카도의 주장을 취하고 있습니다. 그래서 사태가 악화하고 개선이 불가능하기 때문에 오로지 해결책은 [자본주의를 — 하먼] 분쇄하고 새로운 체제를 수립하는 것뿐이라는 것입니다. 공산주의는 고전학파 이론의 논리적 결과입니다.[50]

케인스는 자신의 '일반 이론'이 비교적 간단한 개혁들로 자본주의를 구제할 수 있고, 또 마르크스주의자들이 근본적으로 틀린 이유를 보여 줄 수 있다고 믿었다. 이런 견해는 1939년 스탈린-히틀러 조약 이후, 특히 스탈린주의에 환멸을 느낀 1930년대의 좌파 지식인들 가운데 적어도 일부는 받아들인 주장이었다. 그리고 이런 견해는 전후 많은 사람들이 예측한 임박한 불황이 아니라 호황이 찾아왔을 때 널리 퍼진 견해이기도 했다.

존 스트레이치는 1930년대 영국에서 가장 유명한 마르크스주의 경제학 저자였다. 노동자 활동가들이나 젊은 지식인들이 모두 그의 ≪자본주의 위기의 성격≫, ≪다가오는 권력을 위한 투쟁≫,

≪사회주의의 이론과 실천≫을 통해 마르크스주의 경제학을 배웠다. 그러나 1956년 ≪현대의 자본주의≫에서 스트레이치는 자본주의 위기가 개혁될 수 있는가 하는 결정적 문제에서 케인스가 옳았으며 마르크스는 틀렸다고 주장했다. "케인스의 주장에는 경제적 오류가 없다. …… 만약 케인스의 처방이 적용될 수 있다면 그 처방들은 예상한 결과를 가져올 것이다."[51]

스트레이치는 자본가들이나 자본가 정당들이 자발적으로 그러한 처방들을 도입할 것이라고 생각한 것이 케인스의 유일한 잘못이라고 주장했다. 사실 이런 처방들을 도입하려면 아래로부터, 즉 노동자 정당과 노동조합의 압력이 필요했다. "케인스의 처방은 …… 분명 자본가들의 반대에 부딪힐 것이다. 그러나 경험적으로 보면 그러한 처방들은 유권자들에 의해 강제될 수 있다."[52] 케인스는 "민주주의 세력과 민주적 사회주의 세력이 자본가들의 반대를 무릅쓰고 체제를 꾸준히 수정하는 방법을 찾아 나가도록" 도와줬다. "그리고 그렇게 해서 케인스는 서방 국가들에게 전면적 계급 전쟁이라는 강을 건너지 않아도 되는 또 다른 길을 제시하는 데 일조했다."[53]

스트레이치는 1950년대와 1960년대에 전통적 사회민주주의 주장들을 펼쳤다. 자본주의는 양차 대전 사이에 심각한 불황을 경험했으며, 각국 정부는 그것을 극복할 수 없었다. 그러나 이것은 자본주의 체제의 내재적 오류 때문이 아니었다. 그것은 정부가 공공 지출과 임금을 삭감하라는 편협한 도그마[독단적 학설]에 사로잡혀 잘못된 정책들을 도입하고, 소비를 늘려야 할 때 오히려 그 반대로 했기 때문이다. 이제 그들은 다시 잘못을 저지르지 않아도 된다. 케인스의 이론이 사태를 이해할 수 있게 새로운 지적 도구를 제공했기 때문이다. 사실 영국 정부는 양차 대전 사이에 잘못을 저지르지 않을 수도 있었다. 왜냐하면 케인스가 ≪일반 이론≫을 출판하기 훨씬 전에도 1926년의 금본위제 복귀와 1931년의 균형예산을 위한 정부 지출 삭감에 반대하는 조언을 했기 때문이다.

〈옵서버〉의 편집자 윌 허턴 같은 사람들은 만약 정부가 '도그마'를 버리고 케인스의 발자국만 따라간다면 경제 위기와 사회적 퇴보의 대안을 찾을 수 있을 것이라고 주장하면서 오늘날 다시 이런 주장을 재생하려 노력한다. 그러나 이 주장에는 한 가지 뚜렷한 결점이 있다. 이 주장은 양차 대전 사이와 전후 장기 호황 동안에 무슨 일이 일어났는지를 설명하지 못한다.

케인스 : 실천에서의 실패

케인스의 행적을 잠깐만 살펴보더라도 그가 양차 대전 사이에 영국 정부가 택한 결정과 다른 대안을 일관되게 제시하지는 않았다는 점을 알 수 있다.

광산 폐쇄와 1926년 총파업으로 직결된 1925년 금본위제 복귀를 예로 들어 보자. 양차 대전 사이의 참상에 대한 대안으로 케인스가 제시한 주장의 일부는 그가 그 직후에 쓴 팸플릿 ≪처칠 씨의 경제적 영향≫에 기초를 두고 있다. 이 팸플릿에서 케인스는 수출 비용을 높이고 경제를 후퇴시킨다는 이유로 금본위제 복귀 결정을 비판했다. 가장 최근에 케인스의 전기를 쓴 로버트 스키델스키에 따르면, 케인스는 유럽 지배자들이 전쟁을 거치면서 1914년 이전의 "조화로운" 경제를 파괴했고 이제 "노동자들에게 경제 복구 비용을 떠넘기려" 한다고 비난했다고 한다. 그러나 금본위제 복귀 결정이 내려지기 전의 중요했던 몇 달 동안 "케인스는 전술적 이유 때문에 [금본위제] 복귀에 공공연하게 반대하지 않았으며 그 일을 미루려 했다. …… 논쟁의 막바지 단계에서 그는 전쟁 전과 똑같은 균형을 회복하기 위해 필요한 양만큼 화폐임금의 가치를 하락시키는 일이 현실적으로 어렵다는 점을 지적하는 것과 당국이 금본위제 복귀를 결정하기 전에 이 점을 인식하도록 촉구하는 것 사이에서 마음이 흔들렸다."[54] 이 문제를 다룬 정부 내 체임벌린위원회Chamberlain Committee에서 케인스의 증언은 "실물경제에 결정적 영향을 미치지 않고도 전쟁 전과 같은 상황으로 회복될 수 있으며 그런 상황이 유지될 수 있다는 견해를 구체화하는 데 도움을 줬다."[55] 케인스가 이렇게 행동한 이유는 "자신에 대한 평판을 고려했기 때문이다. 즉, 인플레이션을 연상시키는 정책을 지지하는 것처럼 보일 수는 없었기" 때문이다.[56]

1931년에 정부 정책의 재앙적 방향에 대한 케인스의 분석과 그 정책을 교정하기 위한 소심한 제안 사이의 현격한 차이가 다시 드러났다. 정부가 임명한 메이위원회May Committee가 공공 지출의 대규모 삭감을 권고했을 때 케인스는 〈뉴 스테이츠먼〉에 그 생각을 비난하는 글을 썼다. "권고된 경제정책을 따르면 구매력 감소로 실업자가 25만~40만 명 더 늘어날 것이다. …… 요즘은 모든 정부가 재정 적자를 안고 있다. 말하자면, [재정 적자란 ― 하먼] 기업의 손실이 생산을 아예 정지시킬 정도로 커지는 것을 …… 막기 위한 자연 치유책인 것이다."[57] 그러나 케인스는 메이위원회의 보고서를 반겼는데, 왜냐하면 "이 보고서가 국제가격의 감소분을 영국인의 봉급과 임금이 떠안게 만듦으로써 디플레이션을 발생시킬지 말지를 우리가 결정하도록 권고하기" 때문이다.[58] 그리고 그는 총리 맥도널드에게 보낸 편지에서 "당분간 어떤 결정이 내려지든, 그 결정이 효과를 발휘할 수 있게 과감한 행동이 뒤따르기만 한다면" 자신은 "그 결정을 지지할 것"이라고 말해 더욱 애매한 태도를 취했다.[59] 스키델스키에 따르면, 케인스가 "주저하는 모습을 보며 맥도널드는 메이위원회 보고서의 권고를 실행하라는 [영국 ― 하먼]은행의 조언이 옳다는 생각을 더욱 굳히게 됐다. …… 다시 한 번 결정적 순간에 …… 케인스의 …… 충고는 모호했다."[60] 이번에도 케인스는 맥도널드와 재무 장관 스노든이 택한 길을 〈뉴 스테이츠먼〉에서 "어리석고 불의로 가득 찬" 것이라고 비난했다. 그러나 이미 사태가 지난 뒤였다.

이렇게 급진적 언사와 조심스런 정책 사이에서 동요하는 것은 ≪일반 이론≫을 쓰기 전과 쓰는 동안 그리고 쓰고 나서도 계속됐다. 그래서 1929년에 케인스는 실업 문제를 해결하기 위해 공공사업을 하자는 로이드조지의 호소를 지지했다. 그러나 1933년에 스톡홀름의 한 은행가에게 보낸 충고는 공공사업을 천천히 하는 것이 "이자율을 대폭 낮추는 데 일시적으로 도움이 된다면" 그렇게 하라는 것이었다.[61] 그 뒤 1933년에 케인스는 〈뉴욕 타임스〉에 루스벨트 대통령에게 보내는 '공개편지'를 썼다. 그는 전 세계의 "합리적 변화"의 미래가 루스벨트에게 달려 있다고 적었다. 그러나 바로 이 때문에 "오래 지연된 경제적 · 사회적 개혁"을 추진하다가 "재계의 신뢰를 잃어 회복을 꼬이게" 만들 수 있으므로 개혁 추진은 신중히 해야 했다.

스키델스키는 케인스의 제안이 모두 "재계의 심사를 건드리지 않도록" 고안된 것이었다고 지적했다. "실천에서 그는 매우 조심스러웠다."[62] 그래서 케인스는 1937년에 〈더 타임스〉에 쓴 연재 칼럼에서, 영국의 실업률이 여전히 12퍼센트나 되는데도 경제가 호황에 근접했다는 식으로 주장했다. 그는 "실업이 대체로 '어려운 지역'에 국한돼 있으며, 수요가 계속 증가하면 인플레이션이 나타날 위험이 있다"고 주장했다. 이 주장은 "재무부가 어려운 지역에 제공하는 특별 지원 비용을 보상해야 한다며 다른 지역의 예산을 삭감하는 것을 정당화했다."[63] 케인스의 소심함은 결코 우연이 아니었다. 그는 투자가 자본가의 '기대'를 통해 이뤄진다고 설명했다. 그러나 그는 자본가들이 단기적으로 이윤에 타격을 줄 것처럼 보이는 어떠한 정책에도 등을 돌릴 것임을 너무나 잘 알고 있었다. 그래서 실천에서 케인스는 자본가들을 겁먹게 할 만한 제안은 피했다.

잘못된 처방들

그러나 케인스의 처방이 지닌 효과를 제한하고자 한 것이 대자본들만은 아니었다. 케인스의 생각보다 훨씬 더 급진적인 조처들이 수반되지 않았다면 케인스의 처방이 제대로 작동할 수 없었을 것이라는 강력한 증거가 있다.

통계를 보면, 케인스가 지지한 로이드조지의 공공사업 계획이 추진됐더라도 1930~1933년에 실업자 수가 89퍼센트 가까이 증가했을 것이라는 사실을 알 수 있다.[64] 또 다른 통계는 1930년대 불황이 가장 심각하던 시점에 완전고용 달성에 필요한 일자리 300만 개를 제공하려면 정부 지출이 약 56퍼센트 증가해야 했을 것이라고 추산한다.[65] 케인스가 선호한 '점진적' 수단을 사용해서는 그러한 증가가 가능하지 않았다. 왜냐하면 이것은 곧바로 자본의 해외 도피, 수입 증가, 경상수지 불균형, 이자율 급등으로 이어졌을 것이기 때문이다.[66] 이러한 일을 추진하기 위해서는 영국 경제가 비록 계획되지는 않더라도 국가가 주로 통제하는 경제체제로 바뀌는 것이 필요했다.[67]

사실 이러한 과감한 개입은 완전한 전시戰時경제가 확립되고 나서야 서방 선진국들에서 등장했는데, 처음에는 1935년 이후 나치 독일에서, 그다음에는 1939~1940년 영국에서 그리고 1941년 미국에서 등장했다. 그 전에는 경제가 순환하며 '회복'과 후퇴를 거듭했을 뿐이다. 즉, 1933~1936년에는 생산량이 증가했다가 그다음에는 급격히 떨어졌다. 미국은 1933~1936년에 정부의 재정 적자를 활용해 상당한 규모의 자금을 투입했지만, 1937년 가을에 역사상 가장 급격한 경기후퇴를 경험했다.[68] 그리고 전시경제가 시작되면서 국가의 권한이 '점진적'으로 증가한 것이 아니라 국가가 투자에 대한 중요한 결정권을 모두 장악하게 됐다. 1943년 미국에서 국가는 총투자의 90퍼센트를 차지했다.[69] 만약 이것이 '케인스주의'라면, 이는 케인스 자신이 대공황 때 제안한 것보다 훨씬 더 나아간 것이었다. 당시 케인스는 정부가 "정부

지출과 계획, 회복과 사회 개혁을 혼동하지" 말아야 한다고 주장했던 것이다.[70]

케인스는 1930년대에 자유 시장 경제가 불황의 해결책을 전혀 갖고 있지 않다는 점을 보여 줬다. 그러나 경제에 대한 제한적 국가 개입이라는 그의 주장 역시 더 나은 답변이 되지는 못했다.

케인스주의와 전후 호황

스트레이치 같은 경제학자들과 사회민주주의자들은 전후의 경험을 바탕으로 케인스주의 처방을 지지했다. 이들은 정부들이 그 전과 달리 케인스의 학설을 받아들였기 때문에 장기 호황이 가능했다고 주장했다. 이런 견해가 널리 퍼져 거의 20여 년 동안 의심받지 않았다. 심지어 케인스주의를 비판하는 일부 마르크스주의자들도 이 견해를 받아들였다. 그래서 폴 매틱은 호황을 "적자 재정지출과 정부가 유도한 생산"을 통해 "비非시장 재화의 생산에 노동과 유휴자본"을 끌어들인 정부의 노력 덕분이라고 봤다.[71]

그러나 케인스주의 정책 덕분에 1930년대의 불황을 끝낼 수 있었다는 앞의 주장과 마찬가지로 이런 견해도 사실과 부합하지 않았다. 예컨대 영국 정부는 재정 적자, 즉 케인스주의 방식을 이용하지 않았다. 매슈스는 호황이 절정일 때 다음과 같이 지적했다.

전후 시기 내내 정부는 체제에 수요를 공급하기는커녕 줄곧 대규모 흑자를 유지했다. 이러한 흑자는 …… 20세기 그 어느 때보다도 훨씬 큰 규모였다.[72]

정부가 실제로 경제에 개입했을 때, "문제는 흑자를 적자로 전환시키는 것"이 아니라 "적자의 규모를 줄이는 것"이었다. "전반적 효과"는 "자제"였다.[73] 정부가 투자를 사회화한 것이 호황의 진정한 원인도 아니었다. "총투자에서 공공 부문 투자가 차지하는 비중은 양차 대전 사이보다 전후에 평균적으로 더 낮았다."[74] 그리고 공공 부문의 차입 필요성은 1950년대와 1960년대에 사실상 줄어들었다.[75] 사실 1970년대까지 정부 개입의 주된 형태는 경제를 부양하기 위해 지출을 늘리기보다는 경제성장 속도를 늦추기 위한 '금융긴축'이었다.

장기 호황이 끝나고 1974~1976년에 선진국 경제들이 경기후퇴로 접어들고 나서야 정부들은 필사적으로 수요를 확대하기 위해 케인스주의 정책에 의존했다. 그리고 이러한 정책이 효과가 없었을 뿐 아니라 인플레이션만 부추기고 생산을 실질적으로 증대시키지 못했다는 것을 깨닫자 그들은 케인스주의 정책을 내던져 버렸고 케인스주의 경제학자들은 완전한 혼란에 빠졌다. 그렇다고 정부의 재정 적자가 사라진 것도 아니었다. 1990년대에 주요 서방 정부들은 모두 재정 적자를 안고 있었다. 미국의 재정 적자는 국내총생산GDP의 대략 1.5퍼센트였고 이탈리아와 일본은 대략 7퍼센트였다. 그렇지만 이러한 재정 적자에도 불구하고 재정 적자가 없던 1950년대에는 당연하게 여겼던 완전고용을 달성하지는 못했다.[76]

이런 증거를 보면 장기 호황이 케인스주의적 '적자재정'의 결과가 아님을 알 수 있다. 적자재정이 아닌 다른 어떤 것 덕분에 장기 호황 동안 경제는 깊은 침체에 빠지지 않으면서 계속 확장할 수 있었다. 그리고 이런 상황 덕분에 자본가들은 미래 이윤을 '기대'하며 투자할 수 있었고, 그래서 다른 자본가들이 투자 성과를 낙관할 수 있는 안정적 환경을 만들어 줬다.

장기 호황의 바탕이 됐고 양차 대전 사이에는 존재하지 않았으며 1970년대 중반 이후에도 나타나지 않은 이 '어떤 것'이 무엇일까? 장기 호황 동안 케인스의 협력자들이었던 조앤 로빈슨과 미하우 칼레츠키는 장기 호황의 뿌리가 흔히 말하는 정부 지출이 아니라 군비 지출이라는 특별한 형태의 지출이라고 주장했다.[77] 이들은 무기 생산이 정부가 조직한 투자의 한 형태이고, 이것은 민간 자본도 받아들일 수 있었고 이를 통해 자본주의 경제가 장기간 거의 완전고용 수준을 유지한 것을 설명할 수 있다고 주장했다. 무기 생산은 민간 자본에게 확실한 시장과 높은 이윤을 기대할 수 있게 함으로써 민간 투자를 촉진했다. 이렇게 자본주의 경제가 군비에 의존해야 한다는 것이 칼레츠키가 자본주의를 반대한 한 가지 이유였다. 칼레츠키는 "전후 미국의 경험을 보며 군비 지출이 소모적이고 위험한 것이라고 생각했으며, 높은 수준의 수요를 유지하기 위해 이러한 형태의 지출에 의존해야 한다는 것이 자본주의의 중대한 결함이라고 봤다."[78] 그런데 칼레츠키조차 미국의 재정 적자가 영구적일 수밖에 없다고 여겼다.[79]

만약 경제가 '케인스 혁명'의 영향으로 대량 실업에서 벗어난 것처럼 보였다면 그것은 케인스 자신의 주장으로는 설명하기 힘든 이유들 때문이었다. 그러므로 경제가 1970년대 중반 이후 새로운 위기의 시대에 들어섰을 때 케인스주의자들이 그 이유를 설명하지 못해 당혹스러워한 것은 어쩌면 당연한 일이었다.

절충주의의 실패

프랑스의 자코뱅 지도자 생쥐스트는 "혁명을 반쯤만 하는 자는 자신의 무덤을 파는 것"이라고 말했다. 그러나 이론적 측면에서 케인스 혁명은 절반의 혁명조차 되지 못했다. 케인스는 '자유기업' 체계를 가만히 놔두면 완전고용과 자원의 최대 이용을 보장할 것이라는 신고전학파 경제사상에 도전했다. 그러나 신고전학파에 도전할 때조차 그는 신고전학파 체계의 이론적 구조는 대부분 그대로 놔뒀다. 그는 신고전학파 이론에서 자신의 필요에 부합하지 않는 것을 발견했을 때는 그냥 자신의 새 이론에 임시방편으로 갖다 붙였다. 그것이 나머지 이론 체계와 아무리 맞지 않더라도 말이다.

≪일반 이론≫의 대부분에서 케인스는 한계효용학파의 개념들을 사용했다. 자신이 반대한 '정설파'와 마찬가지로 케인스도 기업의 한계생산비와 사람들이 그 상품에 치를 준비가 돼 있는 가격이 같아질 때까지 기업은 생산을 확대할 것이라고 생각했다. 케인스는 실질임금이 한계비용 수준 이상으로 올라가면 재화가 판매되지 않을 것이라는 주장을 받아들였다. 그래서 생산량이 늘어날수록 실질임금이 하락해야 한다는 것도 받아들였다. 그가 정설파에 동의하지 않은 것은 원칙이 아니라 적용에 관한 것이었다. 그는 재화를 더 많이 판매하기 위해 실질임금을 삭감하는 것이 실제로는 가능하지 않다고 생각했다. 정부가 경제를 부양해야 하는 이유가 바로 이 때문이었다. 정부가 경제를 부양한다면 경제는 신고전학파 정설이 제시한 길을 따라 움직일 수 있다고 생각한 것이다.

신고전학파 이론을 대부분 받아들이다 보니 케인스는 자신과 개인적으로 가까운 경제학자들이 신고전학파 이론을 신랄하게 비판하는 것에 반대했다. 앞서 봤듯이, 마셜은 이미 수확체감의 법칙에 부분적으로 의문을 제기할 수밖에 없었다. 케인스의 친구이자 케임브리지 대학교 동료였던 피에로 스라파는 1926년의 주요 논문에서 수확체감이 아니라 수확체증이 일반적이라고까지 주장했다. 스라파가 케인스에게 설명했듯이, 이 주장은 신고전학파 이론 체계의 전체 구조에 의문을 제기한 것이었다. “기업의 생산량이 늘어날수록 생산비가 낮아진다면, 수요와 공급 사이의 안정적 균형은 존재하지 않을 것이며 기업의 규모도 무한정 커질 것이다. 그렇다면 문제는 어떻게 균형에 도달할 것인가 하는 점이다.”[80]

이 주장은 충격적인 것이었다. 유력한 경제학자 J H 힉스가 13년 뒤에 인정했듯이, “기업이 성장할수록 한계비용이 …… 증가”하지 않는다면 그 기업이 “독점기업으로 성장해서 판매 가격을 어느 정도 좌우하는” 것은 불가피하다. 그러나 “독점이라는 가정을 전반적으로 도입하면 경제 이론에 매우 파괴적인 영향을 미칠 수밖에 없다. …… 경제법칙의 기초가 무너지고 경제 이론의 더 큰 부분이 파괴”될 것이다.[81]

기존의 경제 이론을 구하는 방법은 대부분의 시장이 “경쟁 시장”이라고 가정하는 “위험한 길”을 가는 것뿐이라고 힉스는 썼다. 실제로 경제학을 가르치는 사람들과 경제학 교과서는 대부분 별 생각 없이 이 가정을 받아들인다. 케인스도 마찬가지였다. 그는 신고전학파 이론을 완전히 버리겠다고는 결코 말할 수 없었다. 스라파가 앞의 주장을 한 지 10여 년이 지난 뒤에도 케인스는 “나는 항상 단기적인 수확체감의 법칙을 우리의 우울한 주제에서 논쟁의 여지가 없는 몇 안 되는 명제 가운데 하나로 여기고 있다"고 주장했다.[82] 스키델스키가 지적했듯이 "케인스는 스라파가 제기한 가치 이론의 이론적 문제점들이 실천적으로 매우 중요하다고 여기지 않았다."[83]

이론적 쟁점들은 앞문으로 내보내도 뒷문으로 다시 들어오기 마련이다. 케인스의 가치 이론도 마찬가지였다. ≪일반 이론≫에서 케인스는 생산량의 증가를 측정하는 방법을 다뤘다. 그는 한 시점의 서로 다른 물질적 상품들을 합산해서 그것과 나중의 다른 상품들을 단순히 비교할 수 없다는 점을 인식했다.[84] 그렇게 비교하는 것은 "슬그머니 가치의 변화를 도입"하는 것이다.[85] 케인스는 이 문제를 해결하기 위해 신고전학파 이론의 가정들을 내던지고 반쯤 노동가치론으로 전환해[86] "특정한 자본 설비와 결합된 고용의 양은 그 결과로 나오는 생산량의 만족스런 지표가 될 것이라는 일반적 가정"을 받아들였다.[87] 그는 나중에 다음과 같이 설명했다. "나는 모든 것을 노동이 생산한다는 고전학파 이전[원문대로 — 하먼]의 학설에 공감한다. 이 노동의 생산을 돕는 것은, 전에는 기예라고 불렀고 지금은 기술이라고 부르는 것과 천연 자원 …… 그리고 각종 자산에 체화된 과거 노동의 산물이다."[88]

그러나 케인스는 신고전학파 이론을 절반쯤 포기했으면서도 이것을 그 논리적 결론까지 밀고 나아가지는 않았다. 한 가지 문제를 꽤 절충적 방식으로 해결하기 위해 [노동가치론을] 도입했을 뿐, 그다음에는 잊었다. 케인스 저작의 주요 체계는 전적으로 신고전학파 이론을 벗어나지 않았다. 이것은 몇 가지 중요한 함의가 있었다.

케인스는 — 신고전학파 이론에 따르면 — 생산량 증가와 함께 일어나야 하는 생활수준 하락을 노동자들이 감내하지 않으면 어떻게 되는가 하는 문제를 완전히 외면할 수 없었다. 그래서 케인스는 노동자들을 복종시키기 위해 실업이 필요하다는 주장으로 되돌아갔다.

> 우리의 통제 방식은 완전고용을 계속 유지할 만큼 충분히 정교하지도 충분히 강력하지도 않은 듯하다. …… 그래서 실천에서는 내가 제안한 경기 부양책을 약간 완화해야 기술적 완전고용이 실제로 달성될 것 같다.[89]

≪일반 이론≫은 임금 삭감이 불황을 끝낼 수 있다는 생각을 통렬하게 비판하는 것으로 시작한다. 그러나 케인스 자신은 사실상 임금이 문제이며, 임금을 억제하기 위해 필요한 실업 수준 — 1970년대와 1980년대에 우파 경제학자들이 '자연 실업률'이라고 불렀던 — 이 존재한다고 주장한다.

케인스의 절충주의는 투자가 왜 완전고용 수준에 못 미치는지를 논의할 때 가장 강력하고 가장 해롭다. 이 문제가 자신의 전체 이론에서 절대적으로 중요한 것인데도, 케인스는 명확한 설명을 하지 않고 네 가지 이유만 제시했다.

첫째, 이자율의 수준이다. 이자율의 중요성은 케인스 저작에 대한 논의에서 흔히 경시된다. 그러나 ≪일반 이론≫의 매우 많은 부분이 이자율에 관한 것이며, 이 책의 온전한 제목은 ≪고용, 이자, 화폐의 일반 이론≫이다.

옛 정설에 대한 케인스의 비판 중 일부는 옛 정설이 이윤율과 이자율을 동일시하는 경향이 있으며, 둘 모두 한편으로는 저축의 양에 따라 다른 한편으로는 투자의 양에 따라 결정된다고 본다는 점이었다. 옛 정설은 저축이 투자보다 많아지면 이자율이 떨어져서 투자비를 낮추고 [그 결과] 투자가 늘어나 저축과 비슷한 수준을 회복한다는 것이었다. 이것이 경제성장의 핵심이 저축이라는 옛 정설의 주장에 깔려 있는 이론적 근거였다. 또한 옛 정설은 이윤과 이자를 정당화하는 데 봉사했다. 즉, 이윤과 이자는 자본을 추가로 투입해서 생산량을 늘리기 위해 저축한 것에 대한 '보상'이며, 이자율은 투자의 한계생산성과 같다는 것이었다.

케인스는 이러한 견해에 강력하게 도전했다. 그는 이자율과 이윤율은 다르며, 이자율은 자본생산성에 따라 결정되는 것이 아니라 사람들이 저축을 현금 형태로 유지하려 하는지, 아니면 기업이나 은행이나 국가에 빌려주려 하는지(이른바 '유동성 선호')에 따라 결정된다고 주장했다. 현금 선호도가 높아질수록 이자율은 더 높아질 것이며, 기업의 차입 비용도 그만큼 더 늘어날 것이다. 차입 수준이 이자율을 결정하는 것이 아니라 이자율이 투자 수준을 결정한다. 그러나 정부는 화폐시장에 개입해 사람들의 현금 보유욕과 이자율에 영향을 미칠 수 있다. 그리고 정부가 화폐시장에 개입해 이자율을 낮게 유지한다면 투자가 늘어날 것이다.

케인스는 낮은 이자율만으로 1930년대와 같은 심각한 불황을 끝낼 수 있을지에 대해서는 확신하지 못했다. 그러나 그는 이자율이 중요한 구실을 한다고 생각했다. 이 견해는 자칫 정부가 경제성장을 유지하기 위해 해야 할 일은 화폐시장에 개입해 이자율을 약간 조정하는 것뿐이라는 뜻으로 해석될 수 있었다.

케인스가 생각한 투자를 촉진하는 두 번째 요소는, 앞서 봤듯이, 기업이 미래를 어떻게 예상하는가 하는 것이다. 그러나 "분명한 사실은 예상 수익을 계산하기 위한 우리 지식의 기반이 매우 불완전하다는 점이다."[90] 한 기업이 투자를 해서 성공할지는 다른 기업들이 투자해서 재화의 판매 시장을 제공할 것인지에 달려 있기 때문에 전반적 투자를 결정하는 것은 실질적 효율성이 아니라 군중심리, 즉 "서로 경쟁하는 전체의 평균적 선호"다. "진정한 장기 예측을 바탕으로 한 투자는 오늘날 거의 불가능하다."[91] 그러나 여기서 다시 한 번 케인스는 "국가가 …… 장기적 관점에서 그리고 전반적인 사회적 이익을 토대로 자본재의 한계효율을 측정하고 직접 투자를 조직해야 할 매우 커다란 책임을 지고 있기"

때문에 정부는 꽤 쉽게 [경제를] 구제할 수 있다고 암시했다.[92]

그러나 여기에는 중요한 단서 조항이 있었다. 왜냐하면 케인스가 말한 '기대'를 결정하는 요인은 정부의 조처뿐 아니라 기업인들이 정부의 조처를 어떻게 보는가 하는 것도 있기 때문이었다.

> 노동당 정부나 뉴딜 정책에 대한 두려움이 기업의 사기를 떨어뜨린다면 이것은 합리적 계산의 결과도 아니고 정치적 의도가 깔린 음모의 결과도 아니다. 이것은 자연스런 낙관의 미묘한 균형이 깨진 결과일 뿐이다. 따라서 투자 전망을 예측할 때는 투자를 크게 좌우하는 사람들의 신경과민과 히스테리, 심지어 소화 상태나 날씨에 대한 반응도 고려해야 한다.[93]

달리 말하면, 국가 개입은 어떤 때는 쉽지만 다른 때는 매우 어렵다.

세 번째로, 케인스는 투자의 위험을 무릅쓰려는 태도를 투자가들의 행동에 대한 다른 투자가들의 예상뿐 아니라 개인적 심리 ― 그는 기업인의 "야성적 혈기animal spirits"라고 표현했다 ― 하고도 연결시켰다.

> 십중팔구, 어떤 일을 적극적으로 하려는 우리의 결정은 ― 그 완전한 결과는 시간이 흐른 뒤에야 나타날 것이다 ― 대부분 야성

적 혈기, 즉 행동하지 않는 것보다는 행동하려는 자생적 충동의 결과일 뿐이다. …… 따라서 야성적 혈기가 둔화하고 자연스러운 낙관이 사그라지면 …… 기업은 쇠퇴해 사멸할 것이다.[94]

이러한 개념의 함의는 양차 대전 사이의 심각한 불황 같은 위기가 결코 경제적 원인이 아니라 심리 변화 때문에 발생했다는 것이다.

그러나 케인스는 개별 기업이나 개인의 투자 수준이 시간이 갈수록 하락하는 객관적인 경제적 이유가 있다고 주장했다. 그는 자본 투자가 확대되는 과정 자체가 투자의 수익성 — '투자의 한계효율' — 을 떨어뜨린다고 주장했다. 투자 수익성의 하락은 투자의 위험을 증대시키고 그래서 '야성적 혈기'는 자본가들이 투자의 위험을 감수할 만큼 충분히 강하지 않게 되고 경제성장이 투자를 정당화할 것이라는 기대를 허물어 버리기 십상이다.

케인스는 '자본의 한계효율' 저하가, 예컨대 양차 대전 사이에 "영국과 미국의 경험"에서 파악할 수 있는 경험적 사실이라고 생각했다.[95] 그 결과는 신규 투자를 위한 기업의 차입 비용을 충당할 만큼 자본 수익이 충분히 높지 않았고 그래서 주로 자유방임의 상태에서, "생산의 기술적 조건이 제공할 수 있는 합리적 고용수준과 생활수준[의 달성]을 방해하는" 경향이 있었다는 것이다.[96]

투자 수익성 하락에 대한 케인스의 설명은 가치가 수요와 공급에 달려 있다는 '한계효용론'의 주장을 포함해서 전반적으로 '한계효용론적' 방법에 기초한 것이었다. 자본 공급이 증대하면 자본은 덜 희소해질 것이다. 그 결과 자본의 추가 단위당 가치가 하락해서 결국 영零에 도달할 것이다. 이런 일은 "현대 기술 자원으로 이뤄진 설비를 갖추고 있으면서 적절하게 운영되는 사회에서 …… 한 세대 안에" 일어날 수 있다.[97]

대다수 케인스 추종자들이 보기에 이러한 이론적 추론은 너무 모호했던 듯하다. '자본의 한계효율 하락'은 케인스의 사상을 설명하는 대부분의 글이나 저작에서 거의 나타나지 않는다. 그러나 이것은 케인스의 저작에서 가장 급진적인 개념이다. 이 개념은 완전고용의 장애물은 현존 체제의 내재적 경향에 있지, '저축 성향', '유동성 선호', '기대', '야성적 혈기' 이면의 심리에 있지 않다는 점을 의미한다. 이것이 사실이라면 정부가 "신뢰를 회복시키려고" 노력해 봐야 쓸모없는 것처럼 보인다. 신뢰의 대상 자체가 없기 때문이다! 비록 마르크스의 이론은 객관적 노동가치론을 바탕으로 하고 있는 반면 케인스의 이론은 한계효용론에 대한 나름대로 독특한 해석을 바탕으로 하고 있지만, 자본의 한계효율 하락 개념은 마르크스의 '이윤율 저하 경향'과 매우 비슷하다. 우리가 알듯이, 이 두 개념은 모두 자본주의가 더는 전도양양한 진보적 체제가 아니라는 것을 함의한다.

물론 마르크스는 여기서 혁명적 결론을 이끌어 냈다. 즉, 노동자들이 투자의 결정 기준 자체를 바꾸기 위해 생산수단 통제권을 장악해야 한다고 말이다. 자본주의를 옹호하는 자유주의자로서 케인스는 그러한 결론을 이끌어 낼 수 없었다. 어떤 때 그는 '한계효율'의 객관적 성격을 강조하기를 꺼렸으며, 오히려 한계효율이 "기대"에 "달려 있다"고 강조했다. 또 어떤 때는 한계효율 하락 때문에 자본가들이 체제의 점진적 개혁을 받아들일 것이고, "축적된 부의 수익률이 점차 소멸하는 것"이 "자본주의의 바람직하지 못한 여러 특징을 점차 제거하는 현명한 방법"일 것이라고 주장했다.[98] 그러나 케인스 자신이 생각한 바가 무엇이든 간에 그 함의는 여전히 자본주의의 발전 자체가 위기를 심화시킨다는 것이었다. 이론적 주장의 모호함뿐 아니라 바로 이 점 때문에 ≪일반 이론≫의 출판 뒤에 이 개념이 그의 견해에서 사라졌다는 것은 분명하다.

그러나 케인스의 전체 이론에서 '자본의 한계효율 하락' 개념을 빼 버리면 그 내부에 엄청난 결점이 남게 된다. 그 개념이 아무리 불완전하고 현 체제 옹호자들에게 아무리 불쾌하다고 할지라도 말이다. 왜냐하면 ≪일반 이론≫에서 자본축적이 일어날 때 무슨 일이 일어나는지를 살펴보려는 노력은 오직 그 개념뿐이기 때문이다. ≪일반 이론≫에서 이 개념을 빼 버리면 ≪일반 이론≫은 자본주의 경제의 주요 특징을 빼놓고 자본주의 경제를 설명하는 책이 된다. '자본의 한계효율 하락'을 폐기한 케인스주의자 중 한 명인 조앤 로빈슨은 다음과 같이 말했다.

> ≪일반 이론≫의 중심 주제는 일정한 공장과 이용 가능한 노동으로 짧은 시간에 일어나는 유효수요 수준의 변화가 어떤 결과를 낳는가 하는 것이었다. 투자가 완료됐을 때 공장의 재고가 어떻게 변하는지에 대해서는 거의 언급하지 않는다. …… 케인스 자신은 성장에 관해 거의 아무 말도 하지 않았다.[99]

이렇게 축적을 별로 중시하지 않음으로써, 케인스는 다른 많은 점에서도 그랬듯이 신고전학파 전통을 벗어나지 않았다. 케인스 추종자들이 대부분 그랬듯이, '자본의 한계효율 하락' 개념을 거부한 것은 신고전학파를 뛰어넘으려는 케인스의 가장 중요한 시도 ― 비록 결점은 있더라도 ― 를 거부한 것이었다.

전후의 종합

전후 30년 동안 주류 경제학을 지배했던 케인스주의 이론 ― 때로는 '정설 케인스주의'나 '전후 신고전학파 종합'이라고 부른다 ― 은 케인스의 이론에서 신고전학파의 요소가 아닌 것을 모두 제거한 것이었다. 그때 이후로 이 이론은 소득, 이자율, 투자, 저축, 화폐의 수요 · 공급 사이의 상호작용을 보여 주는 방정식 체계 — 1937년에 힉스가 처음 개발한 이른바 'IS-LM 곡선' — 로 전락했다.

이 이론은 "경제가 실업의 함정에 빠지는 원인을 밝히려고 고안된 케인스의 논리 체계를 인과관계의 중요성이 결여된 일반 연립방정식 체계"로 바꿔 놓았다.[100] 따라서 이런 경제 '모델'은 낡은 신neo한계효용 이론 — 가격기구 덕분에 개별 상품들이 '수요'를 만족시킬 만큼 적절한 양으로 생산된다고 설명하는 — 에 덧붙여진 것쯤으로 여겨질 수 있었다. 그리고 이 이론은 정부가 불황-호황 순환을 없애고 완전고용을 유지하기 위해 따라야 할 황금 법칙을 제시한 것처럼 보인다. 그래서 이 이론은 "이중적 의미에서, 즉 경제학의 측면에서 그리고 정치적 · 사회적 제도의 연속성이라는 측면에서 혁명과 정설을 조화시키는 데" 봉사했다.[101]

케인스의 저작에서 자유 시장 자본주의에 대한 급진적 비판으로 볼 수 있는 요소들은 모두 제거됐다. 남아 있는 것이라곤 정부가 '가능한 최선의 세계'를 회복하기 위해 개입하는 것이 아주 쉽다는 설명뿐이었다. 그리고 자본가들의 심기를 상하게 하지 않고도 그렇게 할 수 있다는 것이었다. 이런 식으로 케인스주의는 1950년대와 1960년대에 경제학 교과서에서 자본주의 옹호론이 됐고 또 마르크스주의가 제기하는 비판의 주요 방어막이 됐다.

조앤 로빈슨은 이렇게 케인스의 급진성을 제거하는 것에 분개

해 "속류 케인스주의"(로빈슨은 케인스 자신이 '속류화'의 토대를 제공했다는 점을 시인했지만)라고 비판했는데, 이것은 어떤 의미에서 세의 법칙을 복원하는 것이라고까지 지적했다. 왜냐하면 이 이론은 정부가 '경제법칙'과 조화를 이루며 개입할 때 체제가 스스로 균형을 회복한다고 묘사했기 때문이다.

> 케인스의 혁명이 반대했던 낡은 정설은 세의 법칙에 근거를 두고 있었다. 이 법칙에서는 수요의 결핍이란 있을 수 없다. 소비는 소비재 상품에 대한 수요를 창출하고 저축은 기계류나 재고품 같은 투자 상품들에 대한 수요를 창출한다.
>
> 케인스는 사회집단의 저축 욕구가 아니라 기업이나 공공 기관의 결정이 투자를 좌우한다는 명백한 사실을 지적했다.
>
> 가계 저축의 증대는 소비 감소를 의미한다. 그것은 투자를 증가시키는 것이 아니라 고용을 감소시킨다.
>
> 속류 케인스주의 이론에 따르면, 모든 가계가 달성하고자 하는 저축률을 계산하는 것이 가능하며 따라서 정부는 이렇게 저축된 자금을 재정과 통화 정책을 써서 투자로 돌릴 수 있다. 그래서 세의 법칙이 인위적으로 복원됐는데, 이러한 피난처에서 모든 낡은 이론들이 다시 슬금슬금 기어 나온다.[102]

이러한 "낡은 이론들" 가운데는 케인스가 ≪일반 이론≫에서 반박한 것도 있다. 임금을 삭감해서 실업을 해결할 수 있다는 것이 그것이었다. 왜냐하면 새로운 정설 방정식 체계는 정부가 경제법칙에 따라 개입한다면 완전고용을 달성할 수 있다는 것을 보여 주기 때문이다. 그런 방정식은 "일정량의 자본은 적절하게 균형을 이루는 실질 임금률 수준에서 일정량의 노동을 고용할 수 있다는 점"을 입증하기 위한 것이었다.[103] 만약 실업이 계속된다면 "임금이 균형 수준 이상으로 유지되기 때문"이라는 것이다.[104]

레이온후부드는 거의 30년 전에 주류 '케인스주의자들'이 '신고전학파'의 주요 원칙들을 받아들였고 똑같은 기본 모델을 사용했고 케인스의 이론을 신고전학파 이론의 "특별한 경우"로 봤다고 지적했다.[105] "사실 케인스주의자들은 케인스가 매우 비판했던 방식, 즉 경기 침체를 독점기업, 노동조합, 최저임금법 등의 '탓으로 돌리는' 방식으로 실업을 설명했다."

그들의 결론은 다음과 같았다. "만약 '경쟁'이 회복되기만 하면 '자동적 힘'이 고용 문제를 해결할 것이다. 따라서 케인스주의는 사실상 오늘날의 경제가 이론의 '특별한 경우', 즉 경직된 임금을 가정하는 경우와 부합한다는 단서를 달고서 전통적 시장 이론을 암묵적으로 받아들인다는 것이 현대의 평가다."[106]

실제로 케인스주의자들은 임금의 '경직성' 때문에 실업률이 어떤 수준 이하로 내려가면 인플레라는 대가를 치러야 한다는 생각 — 이 개념을 나타내는 그래프가 '필립스 곡선'인데, 이 곡선은 실업률과 인플레이션 사이에 '반비례' 관계가 있음을 보여 주기 위한 것이었다 — 을 받아들이게 됐다. 이러한 견해에서 한 발만 더 나아가면 '자연 실업률' 가설을 받아들이게 된다. 그리고 시간이 흐를수록 실업률의 평균 수준이 올라간다면 그것은 케인스 자신이 언급했던 체제의 비합리성 때문이 아니라 '노동 시장의 경직성'이 '자연 실업률'을 높이기 때문이라는 생각도 받아들이게 된다.

케인스 이전의 낡은 정설을 고수하는 통화주의와 '정설' 케인스주의 사이의 차이점은 근본적 분석의 차이가 아니라 공유하는 모델을 어떻게 이용할 것인가 하는 기술적 차이만 남게 됐다. 통화주의 최고의 설교자인 프리드먼조차 케인스를 "역사상 가장 위대한 경제학자 가운데 한 명"이라고 칭송했으며, 통화주의와 정설 케인스주의의 차이는 경제 모델 자체가 아니라 그 내부의 중요한 세부 사항들(공개시장조작 정책으로 화폐 공급을 통제하는 것의 중요성)에 대한 견해차라고 말했다.[107]

의견 일치의 붕괴

케인스주의자들이 통화주의자들과 똑같은 기본적 경제 모델을 공유했다는 사실 때문에, 1970년대 중반에 장기 호황이 끝나고 새로운 위기의 시대가 시작됐을 때 골수 '정설' 케인스주의자들이 스승의 가르침에서 핵심 요소들을 쉽게 내던져 버릴 수 있었다. 그들이 한 일이라곤 그 경제 모델에 대한 한 가지 기술적 해석을 다른 해석으로 바꾸는 것과 치솟는 실업률에 대해 임금과 복지비를 삭감하는 것 외에는 할 일이 없다고 주장하는 것뿐이었다. 조앤 로빈슨은 그들이 공유한 메시지의 변화를 따끔하게 지적했다.

> 자본주의를 옹호하는 사람들은 이렇게 말한다. "어이, 미안해. 우리가 잘못했어. 우리는 완전고용을 제공할 수 없으니 자연 실업률을 받아들여." 물론 그들은 약간의 실업만으로도 물가를 안정시킬 수 있다고 주장했다. 그러나 지금 우리는 실업률이 높아도 물가를 안정시킬 수 없다는 사실을 잘 알고 있다.[108]

1976년 9월 노동당 당대회에서 총리 제임스 캘러헌은 이 점을 사실상 시인하며 다음과 같이 말했다.

> 전에 우리는 세금을 줄이고 정부 차입을 늘리면 경기후퇴에서 벗어날 수 있다고 생각했습니다. 저는 여러분에게 이제 더는 그러한 선택이 존재하지 않는다고 솔직하게 말합니다. 전에 그런 방법이 효과가 있었을지라도 그것은 경제에 인플레이션을 불러일

으키는 역효과도 냈습니다. 그리고 그런 일이 벌어질 때마다 평균 실업 수준은 더 올라갔습니다.

최근 노동당의 경제정책을 대변하는 고든 브라운도 1994년 9월 '세계경제의 선택'을 주제로 열린 회의에서 이런 주장을 되풀이했다.

요즘 경제의 공급 측면의 능력을 생각하지 않고 수요를 진작시키려고 세금 · 소비 · 차입 정책을 바탕으로 한 독자적 거시경제 정책을 실시하는 나라들은 숨 막힐 듯 높은 이자율과 통화 붕괴 같은 형태로 시장의 처벌을 받게 될 것이 틀림없다.[109]

케인스주의 가르침을 배운 정치인들과 학자들은 전에 자신들이 반대했던 사람들과 마찬가지로 경제정책을 결정할 때 똑같은 한계를 받아들이게 됐다. 그리고 그 반대자들과 마찬가지로 그들도 높은 실업률, 복지 삭감, 노동자들의 '경쟁력 강화'를 위한 '유연성', '노동조합의 힘'을 억제하는 법률 외에는 다른 대안이 없다는 점을 받아들이게 됐다. 이것은 오늘날 모든 주류 정당 정치인들의 연설과 언론의 경제 논평들 그리고 특정 국가들에 대한 IMF/세계은행의 보고서에서 발견되는 내용이다.

그러나 현존 사회의 옹호자들이 보기에 이 메시지는 비록 널리 알려지긴 했지만 30년 전의 정설 케인스주의처럼 설득력 있는 것은 아니다. 1959년에 보수당 총리는 "지금보다 더 좋은 시절은 없었다"고 유명한 말을 했지만, 이제 사람들에게 삶이 불안정하며 더 나빠질 것이라고 말하는 것은 이데올로기적으로 위안을 주는 말이 아니다. 경제 위기는 심지어 제너럴모터스나 IBM 같은 거대 자본가에게도 심각한 골칫거리이기 때문에, 위기를 해명할 수 없고 또 위기가 더 악화하는 이유도 설명할 수 없는 주류 경제 사상에 대한 불만이 체제의 최고위층에서도 증가하는 것은 어쩌면 당연한 일이다.

그 결과로 최근에 주류와 의견을 달리하는 경제학파들이 번성하게 됐다.

칼레츠키와 급진적 케인스주의

≪일반 이론≫이 서점을 강타할 때부터 케인스의 사상을 '정설 케인스주의'와 다르게 해석하는 견해들이 존재했다. 리처드 칸, 조앤 로빈슨, 니컬러스 칼도어처럼 케임브리지에서 케인스와 가장 가까웠던 제자 몇 명은 ≪일반 이론≫에서 자본주의가 투자의 '사회화' 없이도 완전고용 균형에 도달할 수 있다는 점에 의문을 제기한 몇몇 부분들을 받아들였다.

이러한 '급진적' 케인스주의는 신고전학파의 가정에 대해서 케인스보다 훨씬 더 비판적인 태도를 취하면서 그 가정들을 논박하고 분쇄했다. 그러나 '급진적' 케인스주의는 체제가 위기에 직면했을 때 무엇을 할 것인지에 대해서 케인스 자신과 마찬가지로 모순된 태도를 보였다. 케인스와 마찬가지로 '급진적' 케인스주의도 한편에서는 급진적 언사와 다른 한편에서는 체제를 운영하는 자들이 받아들일 수 있는 한계에 대한 인식 사이에서 이러지도 저러지도 못했다.

마르크스주의의 영향을 받은 경제학자 두 명이 급진적 케인스주의 사상에 큰 영향을 미쳤다. 그들은 폴란드인 미하우 칼레츠키와 이탈리아인 피에로 스라파였다.

칼레츠키는 사실, ≪일반 이론≫이 출판되기 3년 전에 폴란드어로 출판된(그래서 영국이나 미국에 전혀 알려지지 않았다) 논문에서 케인스의 주요 개념 중 일부를 이미 제시했다.[110] 칼레츠키는 태도에서는 케인스보다 훨씬 더 좌파였으며, 제1차세계대전 이후 실업으로 타격을 받은 가정 출신이었고, 1930년대에는 폴란드 사회당 좌파를 지지했다. 그는 1950년대에 미국에서 매카시즘 때문에 폴란드로 되돌아가야 했으며, 소비를 축적에 종속시키는 계획을 받아들이지 않은 것 때문에 스탈린주의 정부와 사이가 틀어졌다.

칼레츠키는 케인스 이전의 주류 경제학에서 발견할 수 없었던 점을 마르크스와 폴란드 출신의 독일 혁명가 로자 룩셈부르크에게서 발견했다. 그것은 유효수요의 수준이 과거의 투자 결정에 달려 있다는 견해와 경제를 총체성으로 보는 관점이었다.[111] 칼레츠키는 또, 경제 통계를 연구한 자신의 경험을 바탕으로 신고전학파의 중심 가정인 수확체감의 법칙이 틀렸다고 확신했다. 그는 수확체감은 단지 원료를 생산할 때만 일어나며 제조업에서는 오히려 수확체증이 법칙이라고 주장했다.

그러나 칼레츠키는 마르크스 이론의 주요 요소들 — 노동가치론, 생산과정에서 착취로 획득하는 잉여가치가 이윤의 원천이라는 견해, 이윤율 저하 경향 — 은 무시했다. 그는 가치 이론에는 아무런 흥미도 보이지 않았으며, 이윤은 기업이 시장을 얼마나 독점적으로 통제하느냐에 달려 있다고 봤다. 따라서 "칼레츠키의 관점에서 보면, 이윤율 추세를 분명히 예측하는 것은 불가능했다."[112]

오히려 칼레츠키는 "자본주의 경제는 발전의 후기 단계에서 성장의 속도가 떨어지는" 경향이 있다고 봤는데, 이것은 "부분적으로 혁신 성향의 감퇴" 때문이라고 생각했다. 그리고 이런 혁신 성향의 감퇴는 "새로운 원료와 새로 개발할 토지 등을 발견하는 일의 중요성 감소", 그리고 "새로운 발명의 적용을 방해하는 자본주의의 독점적 성격 강화"와 관련이 있다고 봤다.[113]

그는 전쟁 뒤에는 실업 수준이 상승하는 경향이 있을 것이고 정부의 적자예산만이 이것을 막을 수 있을 것이라고 예측했다.

그러나 전후 자본주의 체제가 역사상 최장기간의 호황을 유지했을 때, 경제학자들은 대부분 "칼레츠키가 제기한 문제들", 즉 "민간투자를 자극하는 것이 장기적 완전고용에 적절한가, 그렇지 않다면 영구적 적자를 포함하는 정책이 어떻게 가능한가"라는 문제에 관심을 보이지 않았다.[114]

호황이 지속되자 칼레츠키와 그의 영향을 받은 '급진적 케인스주의'는 '유효수요'와 완전고용을 유지하는 문제를 경제적 문제, 즉 체제의 동역학에 내재적인 문제로 보지 않고 정치적 문제 — 대기업을 설득해서 그들의 본성과 반대로 행동하게 하고 투자를 결정할 때 정부 개입을 받아들이게 하는 문제 — 로 보는 경향이 있었다. 칼레츠키에게 군비 경제는 중요했는데, 왜냐하면 군비 경제가 체제의 근본적 동역학의 몇 가지 측면에 미치는 영향 때문이 아니라 대기업이 쉽게 받아들이는 투자 형태가 군비 경제에 포함돼 있었기 때문이었다.

스라파와 한계효용 이론에 대한 비판

스라파도 좌파 사회주의 배경을 갖고 있었고 마르크스주의의 영향을 받았다. 그는 1920년대 초에 그람시가 만든 신문 〈신질서〉에 글도 썼다. 스라파는 1937년 그람시가 죽을 때까지 10년간

감옥에 있는 그와 편지를 주고받으면서 외부 세계와의 주된 통로 구실을 했다. 스라파는 케인스와도 친밀했는데, 그 덕분에 케임브리지 대학교에서 자리를 얻었으며 리카도 전집을 편집하는 작업을 할 수 있었다. 그러나 경제학에 대한 스라파의 태도는 칼레츠키나 케인스와 꽤 달랐다. 스라파의 관심은 유효수요나 실업의 원인이 아니라 신고전학파 이론의 이론적 기초를 파괴하는 것과 리카도나 마르크스의 견해를 재확립하는 것이었다. 1960년에 출판된 ≪상품에 의한 상품생산≫에서 그가 시도한 것도 바로 이것이었다.

이 책은 매우 형식주의적인 경제 모델을 제시하면서 리카도가 주장했지만 한계효용학파가 폐기한 가정에서 출발해 서로 다른 상품들의 물질적 양과 그들의 교환가격을 도출하는 것이 어떻게 가능한지를 보여 준다. 지난 세기 동안 주류 경제학자들이 수요와 공급이 중심적 구실을 한다고 설명한 것과는 사뭇 다르게, 이 책은 수요와 공급이 현재의 구체적 생산조직의 부산물이고 생산물이 투자, 자본가들의 소비, 노동자들의 소비로 분배되는 과정의 부산물임을 보여 줬다.

조앤 로빈슨은 이 책의 결론을 다음과 같이 요약했다. "균형가격을 결정하는 데는 수요 방정식이 있을 여지가 없다." "분배의 한계생산성 이론" ― 주류 경제학자들이 이윤을 정당화하고 최저임금법을 반대할 때 내세우는 주장 ― 은 "완전히 허튼소리다. …… 스라파는 …… 이윤율과 무관하게 존재하는 '자본의 양' 따위는 없다는 점을 결정적으로 보여 줬다."[115]

스라파의 주장을 받아들인 케임브리지의 급진적 케인스주의자들은 신고전학파 경제학자들의 정교한 대수학 계산과 기하학적 곡선이 "달걀은 달걀이다" 하고 말하는 것과 같은 무의미한 동어반복에 의존한다고 주장했다. 신고전학파 경제학자들은 이윤과 이자가 '자제', '기다림', '생산시간'에 대한 '보상'이며 추가 자본이 생산한 가치('한계생산물')의 증가와 동일하다고 말했다. 따라서 이윤율은 한계생산물을 총자본의 가치로 나눈 것이다. 그러나 그 자본의 가치는 어떻게 측정할 수 있는가? 생산수단과 원료(몇 톤의 철, 몇 리터의 석유, 몇 킬로와트의 전기 등)를 이루는 서로 다른 물질적 재화의 측정치를 합산하는 것으로는 그런 가치를 얻을 수 없다. 사실 한계효용 이론에 따르면, 가치는 한계생산물의 가치에 달려 있고 이윤의 크기도 똑같은 것에 달려 있다. 그렇다면 자본에 대한 이윤의 비율, 즉 이윤율을 구할 수 있는 방법은 없게 된다. 달리 말하면, 이윤율과 이자는 자본의 양에 달려 있고, 자본의 양은 이윤율과 이자에 달려 있는 것이다.[116]

신고전학파 경제학은 실제 내용은 아무것도 없는 일련의 방정식 체계가 됐다. 조앤 로빈슨은 다음과 같이 썼다.

양적 효용은 오래전에 사라졌지만, 아직도 흔히 제시되는 모델에서는 '자본'의 양이 등장한다. 그것이 무엇의 양인지를 보여 주지도 않으면서 말이다. 효용을 그래프에 집어넣어서 효용의 실천적 의미가 무엇인가 하는 문제를 피해 왔듯이, 자본을 대수학에 집어넣어서 '자본'의 양에 의미를 부여하는 문제를 회피하고 있다.[117]

한계효용학파의 '자본 이론'에 대한 분석은 이와 연관된 또 다른 결론, 즉 노동자들이 낮은 임금을 받아들이기만 하면 항상 직업을 구할 수 있다는 오래된 주장을 파괴하는 결론으로 나아갔다. 한계효용 주장은 임금이 떨어지면 자본가들이 '자본 집약적' 생산기술에서 '노동 집약적' 기술로 전환하는 것이 이로울 것이고 그래서 실업 노동자들을 흡수한다는 가정에 바탕을 두고 있다. 그러나 칼도어와 로빈슨은 임금을 낮춰 이윤을 늘리는 방식은 가격을 변경시켜 그들이 '재전환'이라고 부른 과정 — 자본가들이 노동 집약적 방법보다는 자본 집약적 방법을 사용해서 노동력을 줄이는 것이 더 수익성 높게 되는 변화 — 을 초래할 수 있다는 점을 보여 줬다.[118] 가레냐니는 더 나아가 신고전학파 이론이 이러한 '재전환' 현상을 설명한다면 이 이론은 균형 상태에 있는 경제가 아니라 "현실에서 관찰된 것보다" 더 불안정한 경제를 묘사하게 될 것이라고 주장했다. 그는 이 사실이 신고전학파 이론의 "실질적 기반의 부재"를 보여 준다고 주장했다.[119]

스라파의 저작은 이런 한계효용 이론의 논리적 토대를 허물어 버릴 수 있는 근거를 마련했으며, 리카도와 마르크스의 전통에 기초한 가치 이론이 작동할 수 있음을 입증했다. 이런 점에서 그의 저작은 교과서 경제학의 커다란 뼈대에 의문을 제기했다. 조앤 로빈슨이 썼듯이, "이것은 정설의 논리적 구조를 송두리째 뒤엎었지만 주류 경제학의 가르침은 여전히 똑같다."[120]

그러나 스라파의 저작들은 한계효용 이론을 대체할 만한, 경제문제에 대한 분명한 분석을 제시하지 못했다. 그 이유는 스라파의 저작들이 리카도의 주장에 기초한 모델이 제대로 작동할 수 있음을 형식적으로 입증한 것이었을 뿐, 이와 관련된 현실 생활의 사례들을 제시하려 하지 않았기 때문이다. 로빈슨은 다음과 같이 시인했다. "스라파의 모델은 너무 순수해서 현실을 설명할 수 있는 문제들을 표현하는 데는 직접 기여하지 않았지만, 우리가 설명할 수 없는 문제들을 표현하지 않아도 되게 해 주는 데 매우 크게 기여했다."[121]

사실 스라파 자신은 이 모델이 이런 구실 이상을 할 수 있을 것이라고 주장하지 않았다. ≪상품에 의한 상품생산≫의 부제[경제 이론에 대한 비판 서곡]도 말해 주듯이, 이 책은 '정치경제학 비판의 서설', 즉 정치경제학 비판의 기반을 닦는 것이었다. 그래서 체제의 동역학을 설명할 때 이 책이 마르크스는 고사하고 리카도의 저작에도 미치지 못한 것은 당연했다.

스라파 자신은 사람들에게 "마르크스가 ≪자본론≫을 쓰지 않았다면 나는 ≪상품에 의한 상품생산≫을 쓸 수 없었을 것이다. …… 나는 마르크스의 저작에서 강력한 영향을 받았으며, 자본주의의 현실을 '은폐하는 사람들'보다는 마르크스에게 더 공감한다"고 말했다.[122] 조앤 로빈슨은 "피에로는 항상 순수하고 오염되지 않은 마르크스에 집착했다"고 말했다.[123]

그러나 일부 급진 케인스주의자들은 스라파가 마르크스의 방법을 대체할 수 있는 '신리카도주의' 방법을 제시했으며, 노동가치론과 이윤율 저하 이론이 틀렸음을 보여 줬다고 주장했다.[124] 이러한 '신리카도주의자들'은 현실의 자본주의 세계에서 이윤율 저하를 초래할 수 있는 경우는 생산물에서 임금으로 가는 몫이 증가할 때, 즉 마르크스의 표현을 빌리면 "착취율이 하락"할 때뿐이라는 결론을 이끌어 냈다.

자본주의 위기는 첨예한 계급투쟁 때문에 투자 수준이 낮은 결과라는 것이 그들의 결론이었다. 1970년대 초에 두 명의 좌파 경제학자인 글린과 서트클리프가 ≪영국 자본주의, 노동자, 이윤 압박≫이라는 책에서 그렇게 주장했다.[125] 글린과 서트클리프 자신들은 이 책에서 임금 인상 투쟁이 실업으로 귀결되지 않으려면 정치적이어야 하고 체제 전체에 도전해야 한다고 주장하면서 좌파적 관점을 견지했다. 그러나 이런 주장은 임금이 실업의 원인이라고 비난하고 따라서 위기를 벗어나는 길은 임금 삭감 — 이런 임금 삭감이 개별 고용주가 추진하는 '케인스 이전'의 방식이든 아니면 소득정책을 사용하는 '케인스주의적' 방식이든 — 이라는 낡은 정설로 쉽게 되돌아갈 수 있었다.

스라파의 저작은 신고전학파의 주장을 산산조각 냈을지 모르지만, 그 위에 세워진 '신리카도주의' 체계는 급진적 케인스주의자들과 그들의 동료인 '정설 케인스주의자들' 사이를 잇는 가교 구실을 했다. 그것은 급진적 케인스주의자들이든 '정설 케인스주의자들'이든 모두 케인스 이전의 낡은 정설에 어느 정도 동의한 것과 마찬가지였다.

신고전학파에 대한 다른 비판들

급진적 케인스주의자들이 '정설' 케인스주의의 신고전학파 가정을 비판할 때 이용할 수 있었던 것은 칼레츠키와 스라파의 주장만이 아니었다. 한계효용 이론을 비판하는 다양한 주장들이 1940년대와 1950년대에 많이 나타났다. 예컨대, 가격 메커니즘을 통해 공급과 수요가 신속하게 저절로 조정된다는 신고전학파의 가정은 현실에서는 불가능하다는 점이 지적됐다.

발라는 경제 전체를 대리해서 가격을 올리고 내리는 구실을 하는 모종의 '경매인auctioneer'이 있는 것처럼 글을 썼다. 그러나 현실에서 모든 조정은 상품별로 시차를 두고 즉흥적으로 이뤄진다. 심지어 한 상품의 공급과 수요가 일치하기 전에도 다른 관련 상품들의 생산 조건이 바뀔 수 있으며 그래서 첫 번째 상품의 수요·공급의 조건이 바뀌기도 한다. 예컨대 곡물의 공급과 수요가 균형을 이루도록 곡물 가격이 변동할 때쯤 그 곡물을 생산하는 데 사용된 비료의 가격이 오르내릴 수 있고, 그래서 곡물의 공급 비용이 바뀌기도 한다. 그러면 가격은 수요와 공급의 균형을 유지할 수 없게 된다.

경제학자 슘페터 — 마르크스주의자도 케인스주의자도 아니며 그의 사상은 뵘바베르크의 한계효용론에서 나왔다 — 는 1940년대 초에 자신의 주장을 다음과 같이 요약했다.

> 일부 혼란 때문에 균형이 파괴되면, 새로운 균형이 이뤄지는 과정은 낡은 완전경쟁 이론의 주장과 달리 그다지 확실하고 신속하고 경제적으로 진행되지는 않는다. …… 조정을 위한 고군분투 자체가 그 체제를 새로운 균형에 더 가까워지게 하기는커녕 오히려 더 멀어지게 만든다.[126]

또, 슘페터는 완전경쟁이라는 신고전학파의 가정은 기업이 혁신을 위해 장기적으로 투자하는 것과 양립할 수 없다고 지적했다. 왜냐하면 완전경쟁 상황에서는 한 기업이 투자의 성과를 거두기 시작하자마자 다른 기업들이 그 기업의 혁신 성과를 이용하면서 그 시장에 뛰어들 수 있기 때문이다. "새로운 생산방식과 새로운 상품의 도입은 처음부터 완전한 경쟁이나 완전히 신속한 경쟁과 거의 양립할 수 없다. …… 사실 완전경쟁은 새로운 것이 도입될 때마다 항상 일시적으로 저지됐다."[127]

슘페터는 자본주의 '동역학'의 기초는 신고전학파 모델의 완전경쟁과 가격 유연성이 아니라 서로 경쟁하는 거의 독점에 가까운 기업들의 투쟁을 통해 일어나는 "창조적 파괴"라고 봤다. 슘페터는 순수 신고전학파 모델의 이러한 특징들은 "생산을 극대화하는" 경향과는 거리가 멀고 오히려 "침체기에는 체제를 더욱 불안정하게 만들 수 있다"고 주장했다.[128]

신고전학파 경제학자들은 이러한 주장에 답변할 수 없었다. 그러나 여기에는 그들이 답변할 필요가 없는 것도 있었다. 경제의 표면 아래에 있는 것을 보지 못하는 사람들에게는 장기 호황이 지속되는 동안 정설 케인스주의의 신고전학파 '종합' 모델과 경제가 계속 성장해 다소간 완전고용에 이른 현실이 약간은 일치하는 것처럼 보였다. 신고전학파의 논리적 오류를 알고 있었던 슘페터와 갤브레이스 같은 경제학자들조차 그런 논리적 오류에도 불구하고 ― 또는 심지어 그런 오류 때문에 ― 자본주의 경제는 급속하게 성장해 대중의 생활수준을 향상시킬 수 있다고 주장했다.[129] 신고전학파의 주장이 한 번도 의심을 받지 않았다는 듯이, 신고전학파 경제학자들의 유지·존속을 가로막는 장애물은 거의 없었다. 조앤 로빈슨은 다음과 같이 썼다.

> 정설은 이러한 도전에 사실상 신학적 방식으로 대응했다. 즉, 과거와 미래가 다르지 않은 공상적 세계를 만들어 냈고, 경제활동을 하는 사람들이 모두 남들이 어떻게 행동할지를 정확히 안다면 경제가 제대로 작동할 것임을 보여 주는 복잡한 수학 공리들을 고안해 냈다.[130]

'새고전학파'와 '공급중시' 반혁명

1970년대 중반 장기 호황의 종말조차 신고전학파 경제학자들의 신념을 깨뜨리지 못했다. 오히려 처음에 그들의 신념은 더 강해졌다. 그들은 실패한 것이 '자유 시장'이 아니라 시장의 자유로운 활동에 '개입'하려는 시도라고 주장했다. 최선의 가능한 세계로 되돌아가기 위해 꼭 필요한 것은 그러한 개입을 없애는 것이라고 '새고전학파 경제학자들'은 주장했다. 이들을 비판한 두 사람은 다음과 같이 썼다.

> 케인스주의의 합의가 1970년대에 퇴색해 갔다. 새고전학파 경제

학자들은 케인스주의 경제학이 이론적으로 부적절하고 거시경제학은 확고한 미시경제학적 토대 위에 세워져야 한다고 주장했다. 그들은 또, 케인스주의 경제학이 새로운 거시경제 이론, 즉 시장은 항상 수요와 공급이 균형을 이루고 경제주체들은 항상 최적화한다는 가정을 바탕으로 한 이론으로 대체돼야 한다고 주장했다. …… 그들은 보이지 않는 손이 항상 경제를 효율적 자원 배분으로 이끈다고 생각했다.[131]

이러한 견해의 논리적 극단은 정부의 경제 개입에 일절 반대하는 것이었다. "경제 이론의 핵심 교훈은 경쟁적 경제를 자유롭게 가만히 내버려 두면 자원을 배분하는 일을 훌륭하게 해낼 것이라는 전제다."[132] 경기후퇴는 저절로 치유될 것이다.

자유방임 사회에서 경기후퇴는 재조정 시기이며 …… 개인들이 합법적 재산권을 행사하는 것의 표현이다. 경기후퇴를 이용해서 이윤을 뽑아내려는 기업가의 민첩함과 자유가 보장돼야만 경기후퇴를 끝내고 실업을 줄일 가능성이 가장 빨리 발견될 것이다.[133]

그들은 이 때문에 폰 미제스가 꽤 올바르게도 "제약이 없는 자유로운 시장에서 실업은 항상 자발적인 것"이라는 결론을 이끌어 냈다고 주장했다.[134] 또 새고전학파 경제학자인 에드워드 프레

스콧이 썼듯이, 실업의 "규칙적 변동"은 사실 "여가 수요가 경기 순환과 반대로 움직이는 것"이다.[135]

정부가 해야 할 일은 전체 경제의 '거시경제적' 변동을 가속하거나 감속하는 것이 아니다. 오히려 개입을 최대한 줄이는 것, 특히 소득세를 줄여서 기업의 창의력을 고무할 '공급 측면'의 유인을 증대시키는 것이다. 레이건 시절 '새고전학파 경제학자' 중에서 정치적으로 가장 영향력 있는 사람들 — 소위 '공급중시학파' — 은 세금 감면의 효과가 아주 클 것이므로 정부의 총수입이 늘어나서 자동으로 균형예산을 이룰 수밖에 없고 자유 시장이 경제를 자연스런 호황으로 되돌릴 것이라고 주장했다.

심지어 프리드먼의 통화주의가 1980년대에 통화 공급, 인플레이션, 경제의 순환 운동을 통제하는 데 실패(예컨대 대처 치하의 영국에서처럼)했음에도 되살아난 도그마를 철저하게 밀어붙이려는 새고전학파의 열의는 꺾이지 않았다. 그들은 프리드먼도 케인스와 마찬가지로 정부가 개입해서 통화량을 조절하라고 촉구함으로써 똑같은 함정에 빠졌다고 주장했다. 어떤 의미에서 프리드먼은 '케인스주의자'였다는 것이다.[136] 정부의 개입 조처는 기업의 행동을 바라던 바대로 바꿀 수 없었다. 왜냐하면 '합리적 기대' 때문에 기업은 항상 정부 개입의 효과를 미리 감소시킬 것이기 때문이다. 정부의 적자 지출처럼 통화 공급을 약간 조정하는 조처는 공급과 수요가 서로 적절하게 반응하는 것을 가로막았다.

새고전학파는 "호황과 불황은 중앙은행의 사기 행위의 결과"라고 주장했다.[137]

심각한 국제적 경기후퇴를 세 번이나 겪었는데도 자유방임 경제의 불안정성과 비합리성을 부인한 '새고전학파'가 지적 신뢰를 유지할 수 있었던 것은 학술 경제학이 대부분 현실과 동떨어져 있었기 때문이다. 그러나 그들은 나름대로 한 가지 중요한 자산이 있었다. 그들의 사상은 지배계급, 그리고 언론과 대학의 요직을 차지한 지배계급의 충복들에게 위안이 됐던 것이다. 이 점을 조앤 로빈슨은 꽤 올바르게 지적했다.

> 급진파들의 주장이 더 쉽다. 그들은 현대 경제의 작동과 판단해야 할 사상 사이의 불일치만 지적하면 된다. 그러나 보수파들은 이 세계가 최선의 가능한 세계라는 것을 입증해야 하는 거의 불가능한 과제를 안고 있다. 그러나 바로 그 이유 때문에 보수파들은 요직을 차지하는 것으로 보상받는데, 그들은 그 직위를 이용해서 비판을 계속 억누를 수 있다. …… 보수파들은 자신들의 장점에 대한 급진파들의 비판에 대답할 의무를 느끼지 않으며 논쟁에도 거의 참여하지 않는다.[138]

이런 식의 사상이 절정에 달한 시기는 1980년대 중후반이었다. 서방 선진국들에서 잠시 나타난 호황은 규제 완화, 민영화,

부자들의 탐욕에 대한 제약의 전면 폐지가 경제성장에 도움을 줄 것이라는 그들의 낙관을 입증하는 듯했다. 그와 동시에 옛 '공산주의' 진영의 위기와 몰락은 국가 계획 시도가 실패할 수밖에 없는 운명임을 입증하는 듯했다. 옛 공산권에서 전에 계획을 입안했던 자들이 갑자기 서방 시장의 미덕을 찬미했으며 프리드먼과 하이에크가 주장한 케인스주의 이전의 순수 시장이라는 메시지를 입에 담기 시작했다. 제3세계에서는 경제 발전을 억누르는 제1세계의 힘을 분쇄할 수 있는 것은 민족국가뿐이라며 국가에 의존하던 '종속이론 경제학자들'이 이제는 자유 시장, 균형예산, IMF와 세계은행의 '구조조정' 프로그램을 받아들이고 있다. 서방에서 많은 저명한 좌파 지식인들은 자본주의가 '사회주의'보다 경제적으로 더 우월하다는 점이 입증됐다고 결론 내렸다. 영국에서 ≪뉴 레프트 리뷰≫의 편집자는 폰 미제스와 하이에크의 '사회주의 계획' 비판이 옛 소련의 경험을 통해 입증됐다고 주장하는 긴 글을 쓸 수 있었다.[139]

정설의 붕괴 : '오스트리아학파'

1980년대 말의 호황이 '자유 시장'과 '새고전학파' 견해를 강화해 준 것과 마찬가지로, 1990년대 초의 불황은 이들에게 반격을 가했다. 1990년대 초의 불황은 '새고전학파'의 맹목적 확신으로도 진정시키기 힘든 공포감을 자아냈다. 이러한 분위기에서 신고전학파 균형이론의 주요 원칙들에 의문을 제기하는 사상에 귀를 기울이는 사람들이 새로 나타났다. 심지어 명망 있는 부르주아 서클에서조차 그랬다.

그 결과, 세 가지 주요 '이단적' 견해가 명성을 얻었는데, 각각 '오스트리아학파', '신케인스주의', '복잡성' 또는 '카오스' 이론으로 알려졌다.

첫 번째 학파는 제약 없는 자유 시장을 지지한다는 점에서는 '새고전학파'와 동일했고, 그 이론적 기원은 멩거와 뵘바베르크가 주창하고 미제스, 하이에크, 슘페터가 다양하게 발전시킨 한계효용 이론이었다. 하이에크는 일찍이 1930년대에 케인스를 비판했던 인물이다. 그는 마거릿 대처가 좋아한 경제학자인데, 왜냐하면 규제가 없어지고 노동조합이 약화하기만 하면 경제가 자동으로 최적의 조건을 회복할 것이라고 수년 동안 주장했기 때문이다. 1970년에 하이에크는 자신의 유명한 저작에서 "실업이 주기적으로 확대되는 이유는 실질임금이 너무 높기 때문"이라고 주장했다. 실업의 책임은 "시장을 비효율적이게 만드는 방식으로" 영향력을 행사하는 노동조합에 있으므로 노동조합의 힘은 "근절돼야" 한다는 것이다.[140]

이러한 하이에크의 주장은 '새고전학파'의 주장과 거의 다르지 않았으며, 이런 이유 때문에 그는 우파 집단 사이에서 명성을 얻었다. 그러나 더 학술적인 그의 저작들은 윤색이 가능했고, 그래서 그가 위기의 현실을 간단히 무시한다는 비난에서 그를 방어하는 듯했다. 왜냐하면 1930년대 동안 하이에크는 불황이 단순히 정부의 잘못된 통화정책의 결과라는 자신의 기존 견해와 부분적으로 결별했기 때문이다. 그의 저작은 자본주의에 고유한 뭔가가 호황기에는 투자가 너무 급속하게 증대하고 불황기에는 불가피한 반작용이 나타나게 만든다는 점을 거의 인정했다.[141] 하이에크는 "전통적 신고전학파 이론의 한계"에 대해 말할 수 있었으며, "경제주체들은 …… 세계에 대한 서로 다른 기대 때문에 행동이 수렴되지 않고 분산된다는 점을 받아들였다."[142] 그는 "경제학자들이 보통 경쟁 과정을 묘사하는 말로 사용하는 균형"이 "성공하지 못할 것"이라고 말하면서[143] "균형이라는 개념의 유효성"에서 "근본적 문제"는 "시차를 두고 일어나는 과정을 설명해야 한다는 것"이라고 지적했다.[144] 하이에크 자신은 균형보다는 '질서'라는 용어를 더 선호했다. 그는 심지어 저서의 한 단락에서 적어도 독일에서 경기순환을 설명할 수 있는 사상을 소개한 사람은 마르크스였고 "우리가 지금까지 알고 있는 자본 이론 중에서 유일하게 만족스러운 이론인 뵘바베르크의 이론"은 "우리가 경기순환의 문제를 해결하는 데 더 많은 도움을 주지는 않았다"는 점을 시인했다.[145]

그는 나중에 "경쟁의 결과가 예측할 수 없고 원래 의도했거나 의도할 수 있었던 것과 대체로 다른 한에서만 경쟁은 가치 있는 것"이라고 썼다.[146] "시장에서 만들어지는 자생적 질서는 일반 여론이 더 중요하다고 여기는 필요가 항상 덜 중요한 필요보다 먼저 충족되도록 보장하지는 않는다."[147]

이러한 저작 덕분에 마거릿 대처 같은 사람들은 하이에크가 제약받지 않는 시장의 경이로움을 보여 주었다고 칭찬한 반면, 일부 경제학자들은 그가 조야한 신고전학파와 결별하고 비非변호론적 시장경제론을 제시했다고 주장했다. 예를 들어 폴 오머로드의 태도가 그렇다고 할 수 있는데, 그는 "하이에크가 많은 오해를 받았다"고 썼다.[148] 신고전학파 균형이론을 폐기하면서도 한계효용 이론을 보존하는 비변호론적 경제학을 하이에크의 이론적 기초 위에 세울 수 있다는 것이 그 함의였다.

그러나 이렇게 할 수 있는 가능성은 없다. 하이에크는 1930년대에 여러 곳에서 신고전학파 균형 개념의 부적절함을 인정할 수밖에 없었다. 그러나 그는 자신이 기초한 한계효용 이론의 주요 가정을 완전히 내던져 버릴 수 없었다. 그는 자신의 학술 저작이나 대중적 저작에서 한계효용 이론으로 계속 되돌아갔으며, 시장을 가만히 내버려 두면 최선의 생산조직을 만들어 내는 경향이 있다는 것을 당연하게 여겼다. 그래서 하이에크는 호황과 불황을 만들어 내는 압력을 설명하려 한 저작에서 "가격 메커니즘"이

"자기 균형적 체제"라고 썼다.[149] 그가 보기에 유일한 문제는 이 메커니즘에서 "화폐는 그 본성상 일종의 느슨한 접합제"라는 것이었다. 화폐가 없어도 그 메커니즘이 존재할 수 있다는 듯이 말이다! 하이에크는 '균형이론'을 거부하는 주장을 했지만, 같은 단락에서 "균형을 깨는 결과"를 피할 수 있으며, 또 "가격 메커니즘의 자기 교정 능력으로 이 느슨한 부분을 최대한 많이 치유하는 것"이 가능하다고 주장했다.[150]

그래서 하이에크는 균형 개념을 거부하고는 돌아서서 그것을 받아들였다. 이 때문에 그는 다른 곳에서 "전반적 조건이 노동의 신속하고 손쉬운 이동에 유리하기만 하면 대규모 고용의 안정적 조건이 창출될" 것이라고 주장할 수 있었다.[151]

하이에크는 꿩 먹고 알 먹기를 원했다. 즉, 균형 개념이 대량 실업과 불황-호황 순환이라는 냉혹한 현실과 명백히 충돌할 때는 그 개념을 비판했지만, 노동조합을 비판하고 자유 시장을 옹호하려 할 때는 그 개념으로 되돌아갔다.

하이에크는 제약받지 않는 시장이 최선의 가능한 세계로 인도한다고 믿었다. 왜냐하면 그런 시장은 기업들이 새롭고 더 효율적인 생산방식을 역동적으로 채택하도록 고무할 것이기 때문이다. 그러나 동시에 그는 그 시장이 대중의 삶을 거듭거듭 엄청나게 파괴한다는 점도 인정하지 않을 수 없었다. "계속 변하는 세계에서 특정 수준의 부를 그저 유지하려고만 하더라도 더 많이 노력하는 방향으로 끊임없이 변해야 하며, 이런 일은 일부 활동의 보수는 증대하지만 다른 활동의 보수는 감소할 때만 일어날 것이다."[152]

하이에크는 대중이 져야 할 변화의 부담을 경감하려는 노력을 거부해야만 경쟁이 "작동할" 것이라고 주장했다. 한 문단에서 그는 "공산주의 나라들"이 "자본주의 나라들"보다 "'사회정의'라는 악몽에서 더 자유롭고 또 사람들에게 발전의 부담을 경감시킨다는 점에서 유리하다"며 두려움을 나타내기도 했다.[153]

하이에크 저작의 모호함 때문에 지난 몇 년 동안 그의 사상을 어떻게 해석할 것인지를 두고 하이에크 추종자들 사이에서 분열이 심화했다. "최근에 이 문제 때문에 오스트리아학파가 두 진영", 즉 시장이 공급과 수요를 조정할 것이라고 믿는 사람들과 "시장이 조정하는지에 의문을 제기하는 사람들로 분열했다."[154]

두 번째 집단은 흔히 하이에크의 저작뿐 아니라 슘페터의 영향도 받았다. 우리가 이미 봤듯이, 슘페터는 급진적 케인스주의자들처럼 '완전경쟁'과 '완전한 정보'라는 신고전학파 개념에 비판적이었고, 여러 곳에서 그가 제시한 체제의 전반적 기능에 대한 설명은 신고전학파 정설보다는 마르크스와 더 가깝다. 그러나 슘페터는 체제의 미래에 대한 자신의 견해에서 근본적으로는 마르크스와 — 그리고 이 문제에 대해서는 케인스와도 — 다르다고 주장했다. 마르크스가 말한 '이윤율'도, 케인스가 말한 '투자의 한계효율'도 하락하지 않으며, 위기가 악화하는 경향은 없을 것이다. 1950년에 슘페터는 체제가 독점과 불완전 경쟁에 기초하고 있다는 바로 그 이유 때문에 혁신이 경제를 엄청나게 성장시켜서 "지금 수준으로 보면 빈곤이라고 할 만한 것"이 "50년" 안에 "모두 사라질 것"이라고 예상했다.[155]

체제가 상상할 수 없을 만큼 엄청난 규모의 생산량을 창출하겠지만 오직 '창조적 파괴'와 호황-불황 순환이라는 기초 위에서만 그럴 것이라고 전망하는 '오스트리아학파' 모델의 주장이, 지난 몇 년 동안 자본주의를 운영하면서 불황을 피할 수 없었던 것에 대한 약간의 변명을 원하는 정치인들에게 어느 정도 먹혀들었다. 그래서 1980년대 말의 호황기에 보수당 재무 장관으로서 '경제 기적'을 이끌었다고 주장했던 나이절 로슨은 지금 그 후의불황은 자기 탓이 아니라고 말한다. '경기순환'은 불가피하기 때문이라는 것이다. 그러나 이런 주장은 불황기의 '창조적 파괴'로 삶이 파탄 나고 자본주의 정치인들이 선거 때나 지지를 얻으려고 애쓰는 평범한 사람들에게는 거의 설득력이 없다. 또 다른 불황이 불가피하다고 강조해서는 많은 표를 얻기 힘들 것이다. 정치인들이 개인적으로는 어떻게 생각하든 그들은 대부분 공개적으로는 '새고전학파'가 제시한 엉터리 대책들을 반복하고 '공급 측면'이 효율적이기만 하면 고용이 최대로 늘어날 것이라고 주장한다.

'신케인스주의'와 복잡성 이론가들

하이에크와 슘페터의 사상에 대한 관심이 부활하면서 반세기 전에 케인스 추종자들이 제기했던 신고전학파와 '자유 시장' 자본주의에 대한 모종의 비판도 나타났다. 특히 미국의 학계에서 그랬다. 맨큐와 로머 같은 '신케인스주의자들'은 독점, 불완전 경쟁 그리고 공급과 수요의 조정 실패 등의 문제에서 옛 주장으로 되돌아갔다.[156] 조지프 스티글리츠는 신고전학파 경제학자들의 주장과 달리 시장가격이 정보를 전달하는 데 실패했고 '완전경쟁'이 혁신과 양립할 수 없다고 강조했다. 스티글리츠는 신고전학파 이론이 "결코 탄탄하지 않다"고 결론 내렸다.[157] 카드와 크루거는 최저임금법 때문에 일자리가 사라진다는 주장이 경험적으로 틀렸다는 것을 보여 줬다.[158]

윌 허턴은 이러한 생각의 대중적 버전을 〈가디언〉과 〈옵서버〉의 정기 칼럼과 영국 경제정책을 비판한 ≪우리의 상태≫라는 베스트셀러를 통해 영국의 꽤 많은 청중에게 확산시켰다. 그는 다음과 같이 주장했다.

> 지난 10여 년 동안 신세대 케인스주의자들과 거의 모든 미국인들이 격렬하게 반격을 가해서 케인스 사상을 회복시키고 현대화했다. 그리고 전에 케인스가 그랬듯이 자유 시장 견해에 심각한

타격을 입혔다. 그들은 화폐의 세계가 생산과 교환이라는 실물 세계와 떨어져서 존재한다는 신고전학파 사상이 유지될 수 없다는 것을 보여 줬다. 그들은 시장이 필연적으로 매우 파괴적인 불완전성을 가지고 있다는 것을 입증했다.[159]

자유 시장 정설에 대한 '신케인스주의'의 비판에 약간 다른 방향에서 가세한 이론가 집단이 있었다. 그들은 캘리포니아의 스탠퍼드 대학교에서 수학자들과 물리학자들이 주도한 '카오스'와 '복잡성' 세미나를 통해 등장한 이론가들이었다. 그들은 자신들의 수학적 방법을 경제에 적용해, 공급과 수요의 조정을 바탕으로 한 체제가 가격의 오르내림을 통해 균형 상태에 도달하기는커녕 카오스 이론에 따라 움직이며 그 체제에는 "엄청나게 많은 자연 지반 상태, 즉 평형 상태"가 있다는 사실을 발견했다.[160] 메디오가 썼듯이, 방정식 체계를 이용해 "안정성 가정"을 검증했더니 "균형 체계가 안정적이라는 설득력 있는 근거를 전혀 발견할 수 없었다." 더욱이 안정성을 만들어 내는 조건들은 "경제적으로 자율적인 제약 …… 에 조응한다는 점이 드러났다."[161] 또는 맨체스터 대학교의 피터 스미스가 썼듯이, "카오스 이론은 외부 교란 요인이 없을 때조차 상시적이고 거대하며 규칙적이지 않은 변동이 일어날 수 있다는 것을 의미한다." 카오스 이론은 경쟁적 시장이 "본래 안정적인 체제이며 친절하게 정보를 제공하는 가격 신호 체계"라는 "통념"에 대한 "급진적 도전"이다.[162] 달리 말하면 신고전학파 원리에 기초한 경제가 완전고용의 조건에 주목할 것으로 기대할 이유가 전혀 없다는 것이다.

이런 주장은 매우 설득력이 있어서, 신고전학파의 '일반균형체계'를 업데이트해서 설명한 매우 영향력 있는 책을 드브뢰와 함께 지은 케네스 애로 같은 사람들도 그런 주장을 받아들일 정도였다. 이제 애로는 "기술적 진보도 없고, 인구나 다른 많은 요소도 증대하지 않는다고 가정할 때만 …… 발라의 체계"가 작동할 것이라고 시인했다. 그렇지 않다면

> 누구나 미래를 완벽하게 예측하고, 누구나 현재와 미래의 모든 시장에서 동시에 공급과 수요의 균형을 추구하고, 경제는 계속 순환할 뿐 고정된 상태로 수렴되지 않는 완벽하게 훌륭한 사례들을 얻을 수 있을 것이다. …… 재화의 종류가 다양하면 경제가 거의 모든 종류의 행위를 허용하는 사례들을 만들어 내는 일이 가능하다.[163]

애로가 옛 정설을 이용해 실업과 위기를 설명하려는 노력을 신랄하게 비판한 것은 전혀 놀랍지 않다. "새고전학파 이론가들은 여러 가지 이야기를 하지만 나는 확신을 얻지 못하고 있다. …… 새고전학파 경제학은 시장에서 수요와 공급이 항상 균형을

이룬다는 가정 위에 세워졌다. 그러나 나는 시장의 수요와 공급 균형을 신뢰하지 않는다."[164]

폴 오머로드는 자신의 책 ≪경제학의 종말≫에서 신고전학파 정설에 대한 '신케인스주의자들'과 '카오스 이론가들'의 비판을 알기 쉽게 설명했다. 그는 이 책에서 신고전학파의 '세계관'을 "중세 물리학의 세계관"에 비유했다[165](흥미로운 점은 그가 스라파나 로빈슨 같은 '케임브리지 학파'의 저서에서 발견할 수 있는 전면적인 한계효용론 비판을 반복하지도 않았고, 또한 그들을 전혀 언급하지도 않았다는 것이다).

그러나 이 두 이론가 집단이 아무리 신랄하게 정설을 비판하고 단지 우파뿐 아니라 노동당 정치인들과 사회민주주의 정치인들이 '경제학의 법칙'으로 당연시하던 것이 얼마나 공허한지를 드러내 줬을지라도 그들의 결론이 반드시 급진적인 것은 아니었다.

그들이 신고전학파 가정을 비판할 때는 전후의 '정설' 케인스주의자들보다 더 신랄했을지 모르지만 신고전학파 경제학이 신성하게 여겼던 체제를 비판할 때는 '정설' 케인스주의자들보다 더 나아가지 못했다. 거듭거듭 그들이 내놓은 실천적 결론은, 옛 '정설 케인스주의자들'이 그랬듯이, 세금 · 차입 · 화폐 정책을 통한 제한적 정부 개입이라는 이미 실패한 방법에 의존하는 것이었다. 사실 비판이 더 급진적일수록 정부 행동에 의존하지 않는 경우가 흔했다.

미국의 일부 '신케인스주의자들'은 제대로 작동하지 않는 것이 신고전학파 경제 모델인지 아니면, 케인스 이전에 피구가 실업을 설명할 때 주장했듯이, 신고전학파 모델에서는 찾아볼 수 없는 '독점' 관행과 '경직된' 가격·임금이 실물경제를 괴롭히는 것이 문제인지에 대해서 분명하지 않다.[166] 이 때문에 정치인들은 경기 후퇴에 대처하는 데 필요한 것은, 자유 시장 경제학자들이 주장하듯이, 노동조합 활동을 포함하는 독점 관행에 맞서 싸우는 것뿐이라는 생각을 쉽게 받아들일 수 있다.

윌 허턴은 ≪우리의 상태≫에서 문제는 자본주의 자체가 아니라 영국식 자본주의 모델이라고 주장했다. 영국식 자본주의를 지배하는 것은 산업의 장기적 전망에 따른 경쟁적 투자가 아니라 금융기관의 단기적 이윤 추구라는 것이다. 그는 '독일식', '일본식', 심지어 '미국식' 자본주의 모델을 채택하기만 하면 만사형통일 것이라고 주장했다. 그러나 허턴도 때때로 인정하듯이, 이러한 나라들도 모두 1990년대 초반의 경기후퇴로 타격을 받았으며, 그가 가장 좋아하는 모델인 일본은 가장 골치 아픈 문제를 갖고 있는 듯하다.

스티글리츠가 이끌어 낸 결론도 하이에크와 다르지 않다. 신고전학파 모델은 잘못됐으며, 체제는 결코 쉽게 균형에 이를 수 없다는 것이다. 그 결과 사람들이 고통을 겪지만 신고전학파 경제학자들은 이 사실을 인정하기를 거부한다. 그러나 아무리 봐도

이 혼란스런 사태를 해결할 대안은 없고, 우리는 경기후퇴와 어느 정도의 낭비를 최선의 가능한 세계까지는 아니더라도 그나마 가장 덜 나쁜 것으로 받아들여야 한다.[167]

오머로드는 완전히 제자리걸음을 하고 있다. 그는 자신의 책 ≪경제학의 종말≫ 맨 앞에서 기존의 경제 정설을 신랄하게 비판한다. 그리고 맨 뒤에서는 사람들이 생활수준 하락을 받아들이기만 하면 고용이 늘어날 것이라는 매우 진부한 결론을 나타내는 도표를 제시했다. "[대량 실업의 ― 하먼] 해결책은 고용된 많은 사람들에게 소득을 양보하고 여가를 더 많이 가지라고 요구하는 것이다."[168]

최근에 그는 〈가디언〉에 보낸 편지에서 블레어와 브라운의 정책을 옹호하며, 하이에크가 "사회 개혁 프로그램"이 "기회균등"을 증진하는 데 실패한 "이론적 이유들"을 지적했다고 주장했다. 그 이유들은 "비선형 체계에서 지식의 한계를 인정"하는 카오스 이론으로 뒷받침되고 있다.[169] 달리 말하면 경제가 혼란(카오스)스럽게 작동하기 때문에 우리가 할 수 있는 일이란 요행을 바라는 것뿐이다. 우리는 비합리적인 세계에 살고 있으며 불평하지 말고 꾹 참아야 한다는 것이 그의 메시지다. 신고전학파 정설에 대한 비판은 결국 '새고전학파'의 체제 옹호론과 마찬가지로 전체 경제체제('거시-경제')의 무질서와 비인간성을 받아들이는 태도로 귀결됐다.

결론

1936년에 케인스는 체제의 근본적 특징 — 투자의 한계효율 저하 — 때문에 자유 시장 체제에서 불가피하게 위기가 더 심화한다고 주장했다. 또, 이를 막을 수 있는 것은 기업인들의 결정에 한계로 작용하는 변수들에 영향을 미칠 수 있는 국가뿐이라고 주장했다. 그래서 투자의 '사회화'가 필요하다고 했다. 전후의 '정설' 케인스주의자들은 이러한 급진적 견해에서 후퇴했다. 그래서 '신케인스주의'가 생겨났다.

급진적 케인스주의자들은 투자의 '사회화'라는 개념을 옹호하려 했다. 그러나 그들은 자본주의의 특징들 — 임금노동과 자본의 관계, 살아 있는 노동이 죽은 노동에 종속될 수밖에 없다는 것, 경제들이 서로 경쟁해야 한다는 것 — 을 인정하는 틀 내에서 그렇게 했다. 이것은 축적 과정 전체를 소외된 노동이 스스로 자신의 생명을 희생시키는 과정으로 묘사하는 마르크스의 가치론을 부정하는 것과 연관돼 있었다. 그 결과 한편으로는 이윤율 저하 경향이라는 마르크스의 통찰을 받아들이지 않을 뿐 아니라 '자본의 한계효율 저하'라는 케인스의 개념도 폐기하면서 자본주의의 모순을 과소평가했다. 다른 한편으로 이들은 동유럽 블록과 일부 제3세계의 국가자본주의 '계획경제'가 미래의 대안이라고 봤다. 이런 나라들이 위기에 빠졌을 때 급진 케인스주의자들은 할 말이 없게 됐다.

오늘날 윌 허턴 같은 사람들의 저작에서 케인스 사상이 제한적으로 부활하는 것은 체제의 위기가 얼마나 깊은지를 여실히 보여 준다. 그러나 현대 케인스주의자들은 급진적 해결책을 말하는 데서 케인스보다 훨씬 더 열의가 없다. 그래서 그들은 케인스가 요구한 '투자의 사회화'에 대해 완전히 침묵했다. 케인스가 실제로는 그 말을 실천하기 위해 싸울 생각이 없었고 오히려 산업 자본가와 금융업자의 '신뢰'를 유지해야 할 필요성에 굴복했듯이 이들도 더 광범한 행동을 위해 결코 싸우려 하지 않는다. 그래서 그들은 되살아난 자유방임주의 정설을 받아들인 노동당이나 미국의 민주당 같은 정당들을 비판하다가도 이 정당들이 최근에 제안한 정책을 받아들이는 등 오락가락하고 있다.

이것은 단순한 진실을 더 분명하게 보여 준다. 자본주의가 경제 위기로 나아가는 내재적 경향에 어떻게 대처할 것인지를 두고 옛 케인스주의자들과 신케인스주의자들이 제기한 문제들을 케인스주의 방식으로는 해결할 수 없다는 점이다. 한동안 자본주의는 그 문제의 해답을 가지고 있는 듯했다. 그러나 이것은 케인스주의자들이 제시했던 자유주의나 사회민주주의적 해답은 아니었다. 오히려 이것은 경제의 군사화, 전면전의 수행, 대량 파괴 무기의 비축 같은 가장 야만적인 방식들과 연관돼 있었다. 오늘날 이러한 야만주의조차 더는 반복되는 위기를 막기에 충분치 않다.

케인스는 위기로 나아가는 경향을 극복하는 비밀이 "생산의 사회화"에 있다고 주장한 점에서는 옳았다. 생산을 사회화해야만 생산이 시작될 때 사람들이 거는 기대가 생산 도중의 상황과 대체로 상응하게 될 것이다. 또 생산을 사회화해야만, 민간 자본에게 투자 동기를 부여하는 수준 이하로 이윤율이 하락하더라도 투자가 지속될 수 있을 것이다. 그러나 케인스는 이러한 투자의 사회화가 민간 자본의 묵인 아래, 심지어 그 자신의 시대에조차 점진적으로 이뤄질 수 있다고 주장한 점에서는 크게 틀렸다. 이런 일은 오늘날에는 더욱 일어나기 힘들다. 오늘날 대기업들은 점차 다국적 기반 위에서 조직되고, 그래서 어느 나라의 정부가 대기업의 생산수단 통제권을 그대로 둔 채 그들의 투자 결정에 도전하려 한다면 자금을 이 나라 저 나라로 옮겨서 그 정부의 계획을 파탄 낼 수 있다.

노동당과 사회민주주의 정당의 정치인들과 경제학자들은 '세계화' 때문에 어떤 국가도 다국적기업들에 도전할 수 없게 됐다고 말한다. 그들의 주장은 잘못됐다. 다국적기업들에 얼마든지 도전할 수 있다. 그러나 옛 케인스주의자들이나 신케인스주의자들이 항상 꿈꾸던 것보다 훨씬 더 급진적인 행동을 통해서만 그렇게 할 수 있다. 한때 로자 룩셈부르크는 다음과 같이 썼다. "자본의 사슬은 그 사슬이 만들어지는 곳에서 분쇄돼야 한다." 케인스가 급진적이었던 시기에 필수적이라고 봤던 투자의 진정한 계획화가 실현되려면, 노동자들의 직접 대표자들에 바탕을 둔 새로운 종류의 국가를 세우기 위한 전투의 일환으로 모든 작업장에서 자본의 생산수단 통제권을 빼앗아 오기 위한 투쟁이 일어나야 한다. 우리가 봤듯이, 케인스는 이러한 혁명 개념 자체를 혐오했다. 전후 케인스의 사상을 중심으로 구축된 정설의 운명은 그러한 혁명 없이는 체제의 위기를 해결하려는 그의 꿈이 이뤄질 수 없다는 점을 보여 준다.

부록 : 스라파와 신리카도주의자들의 마르크스 비판

마르크스주의를 비판하는 스티드먼과 그 밖의 사람들의 '신리카도주의적' 주장의 기초는, 스라파가 굳이 노동을 끌어들이지 않고도 가치를 측정하는 척도로 표준 재화 묶음('표준 상품')을 이용해서 자본주의 경제 모델을 세울 수 있음을 보여 줬다는 것이다.

이 주장은 잘못된 것이다. 스라파 자신은 그런 주장을 하지도 않았을 뿐 아니라 '표준 재화 묶음' 방법은 축적과 함께 일어나는 생산의 변화들 — 모든 진정한 자본주의 경제에서 항상 일어나는 일 — 을 무시할 때만 작용할 것이다. 왜냐하면 그러한 변화들은 경제에서 생산된 상이한 재화들의 비율이 계속 변하는 것과 연관돼 있으며, 그래서 한 시점에 생산물의 척도 구실을 하는 '표준 재화 묶음'이 다른 때는 그러한 척도 구실을 할 수 없기 때문이다. 그러한 변화에 종속되지 않은 가치 척도를 원한다면 생산물이 변해도 여전히 변하지 않는 어떤 것을 찾아야 할 것이다. 즉, 노동을 가치 척도로 삼을 수밖에 없는 것이다.

이런 혼란이 발생한 이유는 스라파의 모델이 진정한 자본주의 축적 모델이 결코 아니기 때문이다. 이 모델은 각각의 생산 주기마다 이전의 생산 주기 때와 똑같은 비율로 똑같은 재화를 생산한다고 가정한다. 마르크스의 말을 빌리면, 이 모델은 확대재생산 모델이 아니라 '단순재생산' 모델이다.[170]

이 모델이 비판했던 신고전학파 이론과 마찬가지로 이 모델도 시간 밖에 존재하는 경제 모델이다. 그래서 이 모델은 '정치경제학 비판의 서설' 구실만 할 수 있을 뿐 그 이상이 될 수 없는 것이다. 이 모델은 확실히 마르크스에게 핵심적이었던 문제 — 경쟁적 축적의 동학, '죽은 노동'이 산 노동보다 더 빨리 증가하는 추세, 그 결과 노동생산성의 증대와 이미 생산된 재화의 가치 손실, 이러한 변화가 투자에 대한 이윤의 비율(이윤율)에 미치는 영향과 생산 중인 모든 재화의 시장을 제공할 만큼 빠르게 축적이 진행될 수 있는 능력에 미치는 영향 — 를 다루지 않는다. 마르크스의 저작은 상품에 대한 분석과 가치의 원천이 노동이라는 주장으로 시작하지만 더 나아가 체제의 내재적 모순과 '과잉생산'의 주기적 위기로 이끄는 방식과 시간이 지날수록 이러한 상황을 더 악화시키는 체제의 장기적 경향을 지적한다.

이와 반대로 스라파는 과잉생산의 주기적 위기라는 단기적 문제조차 다루지 않았다. 로빈슨은 스라파를 칭찬하면서도 다음과 같이 지적했다. "잉여가 이윤으로 실현되는 것에 대한 논의가 없다. 모든 생산물은 모든 생산 라인의 이윤율을 균등하게 하는 가격으로 처분된다는 점을 당연한 것으로 여겼다."[171] "따라서 스라파의 체계에는 인과관계가 전혀 나타나지 않는다. 자본가들은 노동자들을 얼마나 고용할지, 가격은 어떻게 매길지, 어디에 얼마나 투자할지를 결정하지 않는다. 그들이 하는 일이란 주의 깊은 경제학자가 적어 놓은 방정식을 푸는 것뿐이다."[172]

사실 이러한 점에서 스라파의 저작은 리카도에서 한발 후퇴한 것이다. 리카도는 자신의 ≪정치경제학 원리≫ 3판에 덧붙인 "기계에 관하여"라는 장에서 이러한 문제들을 다루기 시작했다. 여기서 그는 생산의 기계화가 노동자의 이익을 해칠 수 있다고 인정했다.

따라서 스라파의 저작을 바탕으로 이론 체계를 구축했다고 자처하는 신리카도주의 학파는 마르크스주의와 대립할 때는 전진하는 것이 아니라 후퇴하고 있었다. 더욱이 '신리카도주의자들'은 지난 사반세기 동안 위기가 점점 더 심각해졌다는 사실을 전혀 설명할 수 없다는 점이 입증됐다.

여기서 핵심 쟁점은 이윤율의 문제다. 시간 개념이 없는 스라파의 모델은 생산의 기술적 조건을 고정된 것으로 여기며, 그래서 이윤율이 오로지 생산물이 임금 · 이윤 · 지대로 분배되는 데만 달려 있다고 본다. 따라서 생산물에서 노동자들의 몫이 증가하지 않으면 이윤율은 하락하지 않을 것이다. 그러나 1980년대와 1990년대에 '노동자들의 몫'은 거의 어디서나 감소했지만, 이윤율이 과거 수준을 회복하거나 경제가 성장하지는 않았다.[173]

신리카도주의자들은 마르크스를 버림으로써, 노골적 체제 옹호론자들과 마찬가지로, 체제가 왜 잘못됐는지를 설명할 수 없게 됐다. 신리카도주의자들의 주장이 틀렸다는 것은 백문이 불여일견이다.

주

1 P A Samuelson, *Economics*, R G Lipsey's *Introduction to Positive Economics*를 보라.

2 N G Mankiw and D Romer, *New Keynesian Economics, vol 1: Imperfect Competition Capitalism and Sticky Prices*.

3 A Crosland, *The Future of Socialism*(London, 1956), and J Strachey, *Contemporary Capitalism*(London, 1956).

4 한계효용 이론가들은 많은 차이점이 있지만 한 가지 일반적 방법을 공유했다. 그들의 차이점을 조리 있게 다룬 논의는 에릭 롤(E Roll)의 책(*A History of Economic Thought*, London, 1962[국역 : ≪경제사상사≫, 까치, 1989]) 제8장과 제9장을 보라. 그리고 그들의 사상에 대한 비판적 검토는 모리스 돕(M Dobb)의 책(*Political Economy and Capitalism*, London, 1946[국역 : ≪정치경제학과 자본주의≫, 동녘, 1983]) 제1장과 제5장을 보라. 뵘바베르크와 루돌프 힐퍼딩(R Hilferding)의 책(*Karl Marx and the Close of His System*[국역 : ≪노동가치론 논쟁≫, 학민사, 1985])는 마르크스주의에 대한 한계효용학파의 비판과 가장 저명한 마르크스주의 경제학자의 답변이 들어 있다. 니콜라이 부하린의 책(*Economic Theory of the Leisure Classes*)는 '오스트리아학파'의 한계효용 이론에 대한 뛰어난 비판서이지만, 보통 영국에서 가르치는 한계효용 이론과는 약간 다른 뵘바베르크의 공식들을 알고 있다고 전제하기 때문에 가끔은 이해하기 힘들다.

5 마르크스가 ≪자본론≫ 제3권에서 다룬 이른바 '전형 문제'다.

6 J S Mill, *Principles of Political Economy*(London, 1911), p 339.

7 예컨대 A Marshall, *Principles of Economics*(8th edition, London, 1936), pp 140~141을 보라. 또 이 문제에 대한 매우 유용한 논의는 앞서 말한 M Dobb, *Political Economy and Capitalism*을 보라.

8 뵘바베르크의 견해를 더 충실히 요약한 것으로는 M Dobb, 앞의 책, pp

151~156과 E Roll, 앞의 책, pp 404~406을 보라.

9 일부 한계효용 이론가들은 생산량이 어느 수준 이상으로 증가하면 생산비가 하락할 수 있다는 점을 인정함으로써 이 주장을 수정했다. 그러나 나중에는 생산비가 다시 오를 수밖에 없을 것이고, 그래서 비용 곡선은 J자 모양을 나타낼 것이라고 주장했다. 이것이 마셜이 걱정했던 문제 가운데 하나였다. 그러나 그들 중의 어느 누구도 이 문제 때문에 자신들의 기본적 견해, 즉 오직 하나의 균형점만 존재한다는 주장을 의심하지는 않았다. 또 어떤 상품의 생산비가 오르면(예컨대 노동조합의 임금 인상 압력이나 최저임금법 때문에) 그 상품에 대한 수요가 줄어들 것이라는 주장에 대해서도 의심하지 않았다.

10 L Walras, *Elements of Pure Economics*(1889, trans. London, 1954)를 보라. 그러나 참을 수 없는 두통을 감당할 수 없다면 읽으려 하지 않는 게 좋다.

11 A Marshall, *The Principles of Economics*, 앞의 책, p 62.

12 같은 책, p 109.

13 같은 책, p 368.

14 L Walras, 앞의 책, p 242.

15 같은 책, p 317.

16 같은 책, p 381.

17 다른 신고전학파 경제학자들도 대부분 받아들이는 파레토의 용어.

18 한계효용 이론의 대중 설명가인 영국인 로빈스 경(Lord Robbins)의 공식.

19 M Dobb, 앞의 책, p 177에 인용된 폰 미제스의 말.

20 R Skidelsky, *John Maynard Keynes*, Vol 2(London, 1994), p 515에 인용된 줄리언 벨의 말.

21 같은 책, p 341.

22 J M Keynes, *General Theory of Employment, Interest and Money* (London, 1960), pp 19~20[국역 : ≪고용, 이자 및 화폐의 일반이론≫, 비봉출판사, 2007].

23 같은 책, p 28.

24 R Skidelsky, 앞의 책, p 535에서 인용.

25 J M Keynes, 앞의 책, p 156.
26 같은 책, p 159.
27 같은 책, p 33.
28 같은 책, pp 261~262.
29 같은 책, p 262.
30 같은 책, p 267.
31 같은 책, p 304.
32 같은 책, p 12.
33 같은 책, pp 8~9과 p 14.
34 A Leijonhufvud, *On Keynesian Economics*(London, 1968), p 37.
35 P Mattick, *Marx and Keynes*(Boston, 1969), p 7.
36 J M Keynes, 앞의 책, p 264.
37 J Robinson, *Further Contributions to Economics*(Oxford, 1980), p 34.
38 같은 책.
39 R Skidelsky, 앞의 책, pp 477~478에서 인용.
40 J M Keynes, 앞의 책, p 376.
41 같은 책, p 377.
42 같은 책, p 164.
43 같은 책, p 164.
44 같은 책, p 378.
45 같은 책, p 378.
46 같은 책, p 378.
47 R Skidelsky, 앞의 책, p 515에서 인용.
48 같은 책, p 517.
49 같은 책, p 521.
50 같은 책, p 511.
51 J Strachey, 앞의 책, p 235.
52 같은 책, p 239.
53 같은 책, p 353.
54 R Skidelsky, 앞의 책, pp 188~189.

55 같은 책, p 193.
56 같은 책, p 191.
57 같은 책, p 394.
58 같은 책, p 394.
59 같은 책, p 394에서 인용.
60 같은 책, p 394.
61 같은 책, p 488에서 인용.
62 같은 책, p 605.
63 인용과 함께 논문의 요약은 R Skidelsky, 앞의 책, p 629를 보라.
64 R Middleton, *Towards the Managed Economy*(London, 1985), pp 176~177에 있는 측정치.
65 S Glynn과 P G A Howells의 추정치. 위의 책 p 178에 인용돼 있다.
66 이러한 점들은 G Pilling, *The Crisis of Keynesian Economics*(London, 1986), pp 50~51에서 잘 지적돼 있다.
67 R Middleton, 앞의 책, p 179에 인용된 아른트(Arndt)의 말.
68 Kindelberger, *The World in Depression 1929~34*(London, 1973), p 272.
69 A D H Kaplan, *The Liquidation of War Production*(New York, 1944), p 91.
70 R Skidelsky, 앞의 책, p 491에서 인용.
71 P Mattick, 앞의 책, pp 161~163. 이와 매우 비슷한 잘못된 분석은 D Yaffe and R Schmiede, *State Expenditure and the Marxian Theory of Crisis*(London, 1972)를 보라.
72 R C O Matthews, "Why has Britain had full employment since the war?", *Economic Journal*, September 1968, p 556.
73 같은 책, p 556.
74 같은 책, p 560.
75 J Tomlinson, "The 'Economics of Politics' and Public Expenditure: a Critique", *Economy and Society*, vol 10, no 4, November 1981, p 390의 수치들.
76 *Independent on Sunday*, 19, November 1995에 있는 적자예산 수치들.

77 예컨대 M C Sawyer, *The Economics of Michal Kalecki*(London 1985), pp 78~79와 p 132를 보라.

78 같은 책, p 132.

79 같은 책, p 135.

80 R Skidelsky, 앞의 책, p 290에 인용된 스라파가 케인스에게 보낸 편지 요약.

81 J H Hicks, *Value and Capital*(Oxford, 1939), p 82[국역 : ≪가치와 자본≫, 한국경제신문사, 1986].

82 R Skidelsky, 앞의 책, p 604에서 인용.

83 같은 책, p 290.

84 "잡다한 사물들로 이뤄진 비교할 수 없는 두 집합은 그 자체로는 수량 분석의 재료가 될 수 없다"(J M Keynes, 앞의 책, p 39).

85 같은 책.

86 물론 임금이 가치의 척도라고 주장한 사람은 맬서스다. 리카도는 노동이 가치의 척도라고 주장했다.

87 J M Keynes, 앞의 책, p 41.

88 같은 책, pp 213~214.

89 R Skidelsky, 앞의 책, p 603에서 인용.

90 J M Keynes, 앞의 책, p 149.

91 같은 책, p 157.

92 같은 책, p 164.

93 같은 책, p 162.

94 같은 책, pp 161~162.

95 같은 책, p 219.

96 같은 책, p 219.

97 같은 책, p 221. '자본의 한계효율'과 그 '저하' 경향에 대한 케인스의 설명은 pp 135~136과 p 214를 보라.

98 J M Keynes, 앞의 책, p 221.

99 J Robinson, 앞의 책, p 34.

100 R Skidelsky, 앞의 책, p 811.

101 같은 책, p 613.

102 J Robinson, 앞의 책, p 34.

103 같은 책.

104 같은 책.

105 A Leijonhufvud, 앞의 책, pp 6~7.

106 같은 책, p 37.

107 '정설' 케인스주의와 통화론자 사이의 유사성과 차이점을 쉽게 설명한 논의는 J A Trevithick, *Inflation, a Guide to the Crisis in Economics*(Harmondsworth, 1977)를 보라.

108 J Robinson, 앞의 책, p 36.

109 *The Guardian*, 15 September 1994에서 인용.

110 영어 번역은 M Kalecki, *Selected Essays on the Dynamics of the Capitalist Economy*(Cambridge, 1971)의 첫 논문에서 찾아볼 수 있다.

111 로자 룩셈부르크는 *The Accumulation of Capital*(London, 1963)에서 다른 경제학자들이 이 문제를 어떻게 다뤘는지를 설명했다.

112 M C Sawyer, 앞의 책, p 162. 그런데 소여(Sawyer)는 1945년에 칼레츠키가 쓴 저작이 이윤율 저하 이론을 암시하는 듯하다고 지적한다. 그 책 pp 85~86을 보라.

113 같은 책, p 64. 칼레츠키의 설명은 다른 두 장기 정체 이론과 상당히 비슷하다. J Steindl, *Maturity and Stagnation in American Capitalism*(London, 1953)과 P Baran and P Sweezy, *Monopoly Capital*(London, 1973)[국역 : ≪독점자본≫, 한울, 1994]을 보라. 그들의 견해에 대한 비판은 나의 책 *Explaining the Crisis*(London, 1984), pp 148~154를 보라.

114 M C Sawyer, 앞의 책, p 136.

115 J Robinson, 앞의 책, pp 148~149.

116 이 문제를 다룬 일련의 논문들과 다른 한계효용 경제학자들이 이 문제를 다루는 데서 실패한 사례는 J Eatwell, M Millgate and P Newman(eds), *Capital Theory*(London, 1990)를 보라. L L Pasinetti and R Scazzieri, "Capital Theory : Paradoxes", pp 136~147의 논문은 이 논쟁을 비교적 읽기 쉽게 요약한 유용한 글이다.

117 J Robinson, *Economic Philosophy*(London, 1962), p 68.

118 이 문제에 대한 조앤 로빈슨의 논의는 *Further Contributions to Economics*, 앞의 책, p 21에서 찾아볼 수 있다. 그 논쟁에 대한 길고도 조금 불분명한 설명은 P Garegnani, "Quantity of Capital", J Eatwell et al, 앞의 책, pp 1~78에서 발견된다.

119 P Garegnani, "Quantity of Capital", 같은 책, pp 70~71.

120 J Robinson, *Further Contributions to Economics*, 앞의 책, p 101.

121 같은 책, p xii.

122 J P Potier, *Piero Sraffa*(London, 1991), p 73에서 인용.

123 J Robinson, *Further Contributions to Economics*, 앞의 책, p 188의 각주.

124 이것은 I Steedman, *Marx after Sraffa*(London, 1977)의 주장이며, 노동가치론과 이윤율 저하를 항상 거부했던 조앤 로빈슨도 어느 정도 받아들였다. J Robinson, 앞의 책을 보라.

125 A Glyn and B Sutcliffe, *British Capitalism, Workers and the Profits Squeeze*(Harmondsworth, 1972). 이러한 결론에 이르게 된 '신리카도주의적' 마르크스주의 주장에 관해서는 A Glyn in *The Bulletin of Socialist Economists*, Autumn 1973을 보라.

126 J R Schumpeter, *Capitalism, Socialism and Democracy*(London, 1950), p 103[국역 : ≪자본주의, 사회주의, 민주주의≫, 삼성출판사, 1990].

127 같은 책, p 104.

128 같은 책, pp 77과 93.

129 같은 책과 J K Gailbraith, 앞의 책.

130 J Robinson, *Further Contributions to Economics*, 앞의 책, p 56.

131 N G Mankiw & D Romer, 앞의 책, p 1.

132 M Skousen, "Free Market Response to Keynesian Economics", in M Skousen(ed), *Dissent on Keynes*, p 30.

133 J B Egger, "Fiscal stimulus", 같은 책.

134 H H Hoppe, "The Misesian case against Keynes", 같은 책, p 200에 우호적으로 인용돼 있다.

135 "Interview with Kenneth Arrow", in C R Feiwel(ed), *Joan Robinson and Modern Economics*(London, 1989), p 164에 (부정적으로) 인용돼 있다.

136 See R W Garrison, "Is Milton Friedman a Keynesian?", in M Skousen (ed), 앞의 책, p 131.

137 H H Happe, 앞의 책, p 209.

138 J Robinson, *Further Contributions to Economics*, 앞의 책, p 2.

139 R Blackburn, "Fin de siécle: Socialism after the Crash", *New Left Review* 185, Jan-Feb 1991.

140 F A Hayek, *A Tiger by the Tail*(London, 1972), pp 73과 84에 재수록된 *The Constitution of Liberty*(London, 1970)[국역 : ≪자유헌정론 1, 2≫, 자유기업센터, 1997~1998]에서 인용. 또한 같은 전집 p 64에는 같은 견해의 연장선에서 그가 1967년에 한 주장을 볼 수 있다.

141 예를 들어, 같은 책 p 56을 보라. 그는 "실업이 재발하는 주된 이유는 호황 때마다 자본재 산업에서 상시적으로 이용할 수 있는 것보다 더 많은 양의 생산요소가 그 산업에 투입됐기 때문"이라고 썼다. 이것이 "호황 뒤에 주기적으로 찾아오는 붕괴의 원인"이다.

142 J Tomlinson, *Hayek and the Market*(London, 1990), pp 2와 8.

143 F A Hayek, "Competition as a Discovery Process", in C Nishijypama and K R Leube, *The Essential Hayek*, p 259.

144 F A Hayek, *Profits, Interest and Investment*(London, 1939), p 138.

145 F A Hayek, *Prices and Production*(London, 1935), pp 103~104.

146 F A Hayek, "Competition as a Discovery Process", in C Nishijypama and K R Leube, 앞의 책, p 255.

147 같은 책, p 258.

148 Letter to *The Guardian*, 29 February 1996.

149 F A Hayek, *The Pure Theory of capital*(London, 1941)[국역 : ≪자본의 순수이론≫, 한국경제신문사, 1987], section reprinted in F A Hayek, *A Tiger by the Tail*, 앞의 책, p 3.

150 같은 책, p 3.

151 A passage from 1967, reprinted in 같은 책, p 57.

152 F A Hayek, "Competition as a Discovery Process", in C Nishijypama and K R Leube, 앞의 책, p 262.

153 같은 책, p 262.

154 J Tomlinson, 앞의 책, p 110.

155 J R Schumpeter, 앞의 책, p 66. 슘페터는 자신이 지지했던 자본주의 체제가 확실히 실패할 것이라고 생각했기 때문에 비관적이었다. 그러나 이것은 그 체제에 내재한 경제적 모순 때문이 아니라 사람들이 체제의 가혹한 논리를 거부할 것이라고 봤기 때문이다.

156 그들이 쓴 두 권짜리 책 *New Keynesian Economics*를 보라.

157 J E Stiglitz, *Whither Socialism?*(Cambridge, 1995), p x.

158 D Card and A B Kreuger, *Myth and Measurement: the New Economics of the Minimum Wage*(Princeton, 1995).

159 W Hutton, 앞의 책, pp 245~247.

160 M Mitchell Waldrop, *Complexity*(London, 1994), p 139에 인용된 아서(B Arthur)의 말[국역 : ≪카오스에서 인공생명으로≫, 범양사, 2006].

161 A Medio, *Chaotic Dynamics: Theory and Application to Economics*, p 11.

162 P Smith, *The Guardian*, 29 October 1990.

163 "Interview with Kenneth J Arrow", in G R Feiwel(ed), *Joan Robinson and Macroeconomic Theory*(London 1989), pp 147~148.

164 같은 책, pp 165와 168.

165 P Ormerod, *The Death of Economics*(London 1994)[국역 : ≪경제학의 부활≫, 세종서적, 1996].

166 O Hart, "A Model of Imperfect Competition with Keynesian Features", in N G Mankiw and D Romer, 앞의 책, p 207.

167 이것은 스티글리츠가 앞의 책, *Whither Socialism?*에서 실제로 주장한 내용이다.

168 P Ormerod, 앞의 책, p 207.

169 *The Guardian*, 29 February 1996.

170 로빈슨은 이렇게 시인했다. "그 모델은 단 하나의 기술 경제를 제시한다. 방정식 체계에서 한 시기에 사용된 각각의 투입물은 생산이 계속되면서 같은 종류로 대체된다. 따라서 새로운 시기에도 똑같은 기술이 사용될 것이다. …… 스라파는 자체 반복하는 자신의 이야기를 바꿔서 이 점을 모호하

게 한다"(J Robinson, *Further Contributions to Economics*, 앞의 책, p 65). 선가르 사브론(Sungar Savron)은 심지어 단순재생산에서도 스라파의 방정식은 임금과 이윤 사이의 분배를 전혀 변경시키지 못하고, 따라서 스라파 자신의 목표를 달성하지도 못할 것이라고 주장했다. S Savron, "On the Theoretical Consistency of Sraffa's Economics", *Capital and Class*, issue 7(London, 1979)을 보라.

171 같은 책, p 65.

172 같은 책, p 86.

173 더 자세히 알고 싶으면 내가 두 번 나눠서 쓴 논문 "Where Is Capitalism Going?", *International Socialism* 58(Spring 1993)과 *International Socialism* 60(Autumn 1993)[두 글 모두 ≪오늘의 세계경제 : 위기와 전망≫(갈무리, 1994)에 실려 있다]을 보라.

옮긴이 후기

경제학이 음울한 과학이라고 비판한 19세기 영국 빅토리아 시대 역사학자 토머스 칼라일의 말이 오늘날만큼 설득력이 있는 때도 없었던 것 같다. 칼라일은 인류의 미래를 비관적으로 예측했던 맬서스의 경제학을 비판하려고 이 표현을 사용했지만, 요즘 이 말은 부르주아 경제학 전반에 적용되고 있다.

경제학이 사회과학의 여왕이라고 한 폴 새뮤얼슨이 경제 위기는 과거지사가 됐다고 말했지만, 그 뒤로 40여 년 동안 얼마나 많은 경제 위기가 닥쳤는지 두 손으로 꼽기도 힘들 정도다. 이런 맹목적이고 지적으로 오만한 경제학자들은 이번 경제 위기에 직면해서도 여전히 허세를 부렸다. 즉, 이번 경제 위기는 금융 체계가 제대로 작동하고 있다는 것을 보여 줬고 경기순환의 불황은 시장의 자연스런 흐름일 뿐이라는 것이다. 이와 같은 황당한 주장을 듣다 보면 19세기 이탈리아의 유명한 소설 속에 등장하는 한 철학자가 떠오른다. 그는 페스트를 아리스토텔레스가 확립한 분류 항목의 어디에 넣을지 찾지 못해 결국 페스트라는 병이 없다고 결론 내렸다. 그렇지만 결국 그 자신이 바로 그 페스트로 죽었다.[1]

이번 경제 위기를 전후로 부르주아 경제학과 경제학자들에 대한 신뢰가 추락한 것을 보면 상전벽해桑田碧海라는 말이 떠오른다. 2008년 미국 대선 후보였던 존 매케인은 당시 연방준비제도 이사회 의장 앨런 그린스펀이 "너무나 귀중한 존재여서 그가 죽기라도 하면 대통령은 그를 유리관 속에 안치해 놓아야 한다"고 말했다.[2] 그렇지만 지금 그린스펀은 이번 경제 위기의 책임론에 휩싸여 있다.

노벨 경제학상을 받은 폴 크루그먼은 2009년 영국 런던 대학교 사회과학대학LSE 강연에서 "지난 30년간의 거시경제학은 잘해 봐야 쓸모없는 것이었고 최악의 경우에는 유해한 것이었다"고 일갈했고, 미국 경제사가인 배리 아이켄그린은 "이번 위기는 우리가 경제학에 대해 알고 있다고 생각한 많은 믿음에 의문을 던져 줬다"고 지적했다. 크루그먼의 말대로 경제학이 쓸모없거나 유해한 것이라면, 그 경제학을 배우는 학생들이나 강단에서 경제학을 가르치는 교수들 그리고 수많은 경제연구소에 종사하는 사람들로 하여금 하다못해 벽돌이라도 찍어 내게 했다면 국부國富가 증대했을 것이다. 이것이 사회 전체로는 합리적 선택 아닐까?

그럼에도 미국에는 벤 버냉키나 래리 서머스, 영국에는 머빈

킹이 여전히 경제적으로 중요한 자리에 있으면서 이미 실패한 정책들을 되풀이하고 있다. 2005년에 라구람 라잔이 금융시장에서 진행되는 사태로 볼 때 쉽게 위기가 닥칠 수 있으며, 발행-위험 분산OTD, Originate-to-Distribute 모델[3]에도 불구하고 은행이 구조적 위기에 빠질 수 있다는 내용의 논문을 발표했을 때, 서머스는 "대체로 잘못되고 조금은 일면적 전제에 기초한 논문"이라고 일축했다.

현재 부르주아 경제학의 주류인 신고전학파 경제학은 갖가지 모델과 수학 · 통계 기법을 자랑하지만 이번 경제 위기를 전혀 예측하지 못했을 정도로 무능하다. 로버트 실러가 주택 가격 상승이 무한정 지속될 수 없음을 지적했고, 누리엘 루비니도 2005년부터 불황과 경기 침체를 경고했지만 모두 주류 경제학자들에게 무시당했다. 이 지경에 이르면 주류 경제학자들의 지적 무능뿐 아니라 이견을 용납하지 않는 편협함과 완고함까지 볼 수 있다. 주류 경제학자들의 지적 배타주의는 한국에서도 많이 볼 수 있다.

지난해 서울대학교 경제학과의 마르크스주의 경제학자 김수행 교수가 정년 퇴임 한 뒤 공석이 된 자리에 마르크스주의 경제학자는 물론이고 정치경제학을 포함한 비주류 경제학자조차 선발하지 않아 논란이 된 적이 있었다. 일제의 식민 지배를 옹호하고 종군위안부의 존재를 부정했던 인물도 버젓이 교수 자리를 차지하고 있는 서울대학교 경제학과 교수진은 비주류 학자에게 자리 하나 내주는 것조차 인색했다.

얼마 전 경상대학교 대학원 정치경제학과 특강에서 벤 파인은 한국의 주류 경제학자들을 두고 "미국산産 한국 경제학자들ATKE, American Trained Korean Economists"이라고 비꼬았다. 이처럼 미국에서 박사 학위를 받은 경제학자들, 특히 신고전학파 경제학을 전공한 학자들이 대학 교육을 지배하는 상황은 비단 한국만의 현상은 아닌 것 같다.

2000년에 프랑스의 경제학 전공 대학생들이 대학의 경제학 교과과정을 개정해 달라고 청원했다. 이들은 현실과는 동떨어진 가상의 세계를 수리화하고 모형화하는 주류 경제학을 "자폐증적 경제학autistic economics"이라고 비판하면서 "우리는 가상의 세계에서 벗어나고 싶다"고 선언했다. 이런 발의에 동조해 2001년 6월에 케임브리지 대학교 박사과정 학생 27명은 "경제학의 개방"을 요구했고, 같은 해 8월에는 17개 나라 경제학자들이 미국 캔자스시티에 모여 "광범한 접근 방법을 도입해 경제학 교육과 연구를 개혁하고자 하는" 국제적 공개 호소문을 발표했다. 2003년 3월에도 하버드 대학교의 경제학과 학생들이 "더 균형 있고 폭넓은 견해를 수용하는" 교과과정을 도입할 것을 호소하기도 했다. 2006년에는 영국의 벤 파인 등의 경제학자들이 '정치경제학 진흥을 위한 국제 발의IIPPE'를 설립했는데,[4] 이 단체는 마르크스주의 정치경제학을 장려하고 이를 통해 주류 경제학을 비판함과 동시에 다양한 비주류 이론들과 비판적 · 건설적 교류를 추구한다는 취지를 내걸고 있다.

이런 비판과 반대에도 불구하고 주류 경제학은 여전히 독점적 지위를 누리고 있는데, 그 이유는 기성 체제와 기업들의 엄청난 지원을 받고 있기 때문이다. 주류 경제학자들은 비주류 경제학과 정치경제학 분야에 비해 비교할 수 없을 정도의 인적 · 물적 자원을 동원해 온갖 환상과 미신을 만들어 유포하고 있다. 이들은 동구권이 붕괴할 즈음 프랜시스 후쿠야마가 '역사의 종말'을 말한 것과 비슷한 어조로 "경제적 불안정성의 종말은 (경제) 역사의 종말을 나타낸다"고 주장했다.

그렇지만 전 미국 대통령 부시 2세의 경제자문위원장을 지낸 하버드 대학교 교수 그레고리 맨큐조차 1990년대의 경제는 신세대 학생들에게 경기순환이 더는 실천적으로 중요하지 않다는 환상을 심어 줬다고 지적했으며, 아이켄그린은 인플레 변동성을 낮춘 중앙은행의 바로 그 정책 때문에 금융시장의 불안정성이 줄어들었다는 잘못된 믿음이 형성됐다고 지적했다. 2008년 10월 영국은행은 금융안정보고서에서 "취약함이 확인됐고, 이 때문에 세계 금융 체계의 탈구가 일어날 것이라고는 아무도 예상하지 못했다"는 점을 시인할 수밖에 없었다.

이런 상황이라면 주류 경제학은 더는 실증과학positive science이 아니라 중세의 신학과도 같은 이데올로기에 더 가깝다. 예컨대, 주류 경제학이 금과옥조로 여기는 효율성을 보자.

현실에서 효율성은 기업의 행위에 달려 있는데, 똑같은 수익을 내는 기업들 중에서 어떤 기업은 노동자의 임금을 줄이거나 해고해 비용을 줄이고,[5] 다른 기업은 제3세계에서 싼 가격에 원료를 수입해 비용을 줄이고, 또 다른 기업은 생산성을 높여 비용을 줄였다고 할 때, 주류 경제학은 비용을 줄이지 않은 기업에 비해 세 경우 모두 효율적이라고 말한다. 신자유주의 시대에 착취율을 높여 수익성을 유지하거나 높이는 방식은 비록 노동자들을 더 쥐어짜는 것이지만 효율적이라고 칭송한다.[6]

주류 경제학은 경제학이 매우 이데올로기적인 학문이라는 점을 감추려고 온갖 과학적 외양을 갖춘다. 그런데 이런 시도 자체가 현실과 너무 동떨어진 전제들을 설정하는 바람에 경제학이 현실이 아닌 가상의 세계를 다루는 학문처럼 느껴지게 만들었다.

부르주아 경제학의 첫 번째 약점은 방법론적 개인주의를 바탕으로 하고 있다는 점이다.

경제주체들은 합리성을 가진 개인들이고 시장에서 상품에 대한 정보를 모두 가진 채 합리적으로 행동한다는 것이다. 그런데 개인에게 당연히 있다고 전제하는 합리성은 선호의 일관성을 바탕으로 하고 있는데, 현실에서는 선호의 일관성이 나타나지 않을 수 있다.[7] 또 개인의 선택이 합리적일지라도 사회 전체로는 비합리적일 수 있는 구성의 오류The fallacy of composition[8]도 나타날 수 있다. 완전한 정보라는 가설도 거의 비현실적이다.[9]

무엇보다도 경제주체인 개인이 합리적 선택을 한다는 가정은 개인을 인간이 아니라 하나의 기계처럼 취급하는 것이다.[10] 현실의 경제주체들은 사회적 존재로서 역사적으로 조건 지워진 상황에서 경제적 선택을 한다. 부르주아 경제학이 경제사나 경제사상사 등의 역사를 무시하는 것은 그들의 학문적 전제 자체에서 비롯하는 것이다.

두 번째 약점은 계량경제학으로 대표되는 경제활동의 계량화와 모델링 작업이다. 통계나 모델링에 장점이 전혀 없는 것은 아니지만 이를 바탕으로 미래의 경제 상황을 완벽하게 예측할 수 있다고 주장하는 것은 지적 사기에 지나지 않는다. 경제행위는 계량화하기 힘든 다양한 요소들, 즉 습관이나 정서와 같은 요소들과 또 역사적으로 내려온 온갖 제도의 영향을 받기 때문이다. 더욱이 계량경제학은 사회 내의 다양한 요소들 사이의 인과관계를 설명하지 못한다.

세 번째 약점은 시장이 완벽하게 작동한다고 보는 관점이다. 앞서 지적했듯이, 이번 경제 위기와 회복은 시장이 완벽하게 작동한다는 증거라고 강변하는 경제학자들도 있다. 그렇지만 시장은 그 자체로 모순이 있다. 흔히 시장 메커니즘은 가격 신호를 통해 수요와 공급을 조절해서 자원을 효율적으로 배분한다고 한다. 그렇지만 시장에서 나타나는 가격 신호와 수급의 불균형이 해소되는 과정 사이에는 시간의 격차가 있기 때문에, 시장은 결코 완벽하게 작동할 수 없다. 즉, 시장이 완전하다는 가정은 근본적 오류가 있는 것이다. 크리스 하먼도 이 책에서 부르주아 경제학자들이 시간의 문제로 가장 골치를 썩였다고 지적한다.

시간 문제를 해결하지 못하다 보니 시장의 균형equilibrium도 동태적 변화를 반영하지 못한 채 항상 정태적 균형에 머무를 수밖에 없다. 또 균형 자체에 의문이 제기되기도 한다. 부르주아 경제학은 균형 상태가 존재할 수 있다고 믿는데, 이에 대해 균형이란 일반적인 경우가 아니라 오히려 예외적일 정도로 일시적이며 따라서 균형보다는 과정process이라는 개념이 현실을 더 잘 설명한다는 반론이 그것이다.

사정이 이런데도 부르주아 경제학의 여러 공리들, 즉 방법론적 개인주의나 계량화 등의 방법론과 전제들이 경제학을 넘어 사회과학 일반으로 확장되고 있다. 이것을 두고 벤 파인은 "경제학적 제국주의"라고 비판했다.

최근 경제 위기를 보면서, 부르주아 경제학 전반의 신뢰 상실을 어떻게든 피해 보려는 노력의 일환으로 이번 위기가 경제학 일반의 위기가 아니라 신고전학파 경제학의 위기일 뿐이라고 주장하는 사람들도 있다. 예를 들어, 한국 하이에크 소사이어티 초대 회장인 강원대학교 경제무역학부 민경국 교수는 "이런 바이러스에 감염되지 않은 경제학자들이 있었다. 그들은 바로 좌파들이 '신자유주의의 악마'라고 거칠게 비판하는 미제스-하이에크Mises-

Hayek 전통의 '오스트리아학파'"라고 주장한다. 그렇지만 신자유주의의 극단적 형태인 통화주의의 시조 하이에크와 그 학문적 스승인 미제스에게서 대안을 찾는 것은 황당함 그 자체다. 미제스는 앞서 말한 신고전학파의 가장 비현실적인 공리를 만든 한계효용 '혁명'의 주창자 중 한 명이었고, 하이에크는 신자유주의의 사상적 기반인 통화주의의 대부 밀턴 프리드먼의 사상적 지주였다. 물론 요즘의 신자유주의 경제학자들은 밀턴 프리드먼조차 비판할 정도로 멀리 나아갔기 때문에 그 시조인 하이에크의 주장에서 뭔가 건질 수 있지 않을까 하는 환상을 가질 만도 하다.

주류 경제학이 위기에 빠지자 다양한 형태의 대안들이 등장하고 있다. 그 한 예가 ≪괴짜경제학≫인데, 사회적 환경이나 전후 맥락을 제외한 채로 주장과 논리를 전개하다 보니 주류 경제학을 대체하기는커녕 억측과 황당함만이 남는다.

좀 더 그럴듯한 대안처럼 보이는 경제학 조류는 케인스주의다. 얼마 전까지 신자유주의가 한창 득세할 때는 시장의 작동으로 충분하다며 국가는 쓸모없는 존재처럼 취급됐다. 당연하게도 케인스주의는 주류 경제학계에서 찬밥 신세를 면치 못했다.

그런 케인스주의가 이제 경제 위기 와중에 다시 부상하고 있다. 1930년대의 대공황을 해결했다고 잘못 알려진 케인스주의는 최근 재앙적인 시장의 실패가 드러나자 다시 관심의 초점이 되고 있다. 시장의 실패가 심각한 상황에서 국가가 최후의 보루 구실을 해야 한다는 합의가 형성됐기 때문이다.

케임브리지 대학교의 장하준 교수는 경제 위기에 대응해 정부의 금융 규제를 강화하고 연구개발비 지출을 늘려서 경제 체질을 강화해야 한다고 주장한다.[11]

그러나 이 책에서도 자세히 다루듯이, 케인스주의는 1930년대의 대공황을 해결하지도 못했고 제2차세계대전 후의 장기 호황을 가져다주지도 못했다. 오늘날에도 미국의 오바마 정부를 포함한 대다수 국가들이 대규모 경기 부양책을 추진했지만 지금 다시 더블딥의 가능성을 거의 기정사실처럼 받아들이고 있다. 정부의 대규모 경기 부양책이 경제의 쇼크사를 예방하는 데는 어느 정도 효과가 있지만 경제의 체질 자체를 건강하게 되돌릴 수는 없다는 사실이 이번 경제 위기와 1990년대 이후 일본 경제의 장기 불황 등에서 잘 드러나고 있다.[12]

자본주의 체제의 위기와 꼭 마찬가지로, 그리고 이를 반영해 부르주아 경제학이 위기를 겪고 있다. 이런 위기 때문에 자본주의 체제의 동학과 위기로 빠질 수밖에 없는 내적 모순을 밝힌 마르크스주의 경제학에 대한 관심이 높아지고 있다. 전 세계에서 ≪자본론≫이 많이 팔리고 정치경제학 강연들에 청중이 몰리는 현상을 보면 이를 알 수 있다. 1970년대 중반 이후 시작된 장기 불황과 부분적 회복 그리고 발작적 충격 등이 왜 벌어지는지를 알려면 마르크스의 자본주의 분석에 기초한 책이나 논문 등을 볼 필요가 있을 것이다. 이번 경제 위기는 마르크스주의 경제학의 유효성을 다시 한 번 입증했다.

크리스 하먼의 이 책은 1996년 여름에 쓰였지만 지금 읽어도 14년이라는 시간의 간격이 전혀 느껴지지 않는다. 이는 부르주아 경제학의 위기가 이번 경제 위기에서 처음 드러난 것이 아니라 오래전부터 지속돼 왔음을 의미한다.

최근의 경제 위기에서 좀비zombie 은행들과 기업들이 등장한 것처럼 자본주의 체제를 옹호하고 변호하는 부르주아 경제학도 이제 좀비 경제학이 됐다. 크리스 하먼의 이 책은 부르주아 경제학이 왜 이렇게 됐는지 그 역사적 연원과 함께 전개 과정을 자세히 다루고 있으므로 최근의 경제 위기에서 더 적실성이 있는 듯하다. 더욱이 케인스주의에 대한 자세한 분석을 담고 있어서 최근의 경기 부양과 관련한 여러 쟁점들을 이해하는 데도 큰 도움을 준다.[13]

끝으로, 옮긴이의 능력 부족과 이런저런 바쁜 일들 때문에 이 책을 번역하는 데 꽤 긴 시간이 걸렸다. 그럼에도 이 책이 경제 위기의 한가운데서 출판돼 부르주아 경제학자들이 무능한 이유를 이해하고 부르주아 경제학과는 다른 대안을 추구하는 하나의 자극제가 됐으면 하는 바람이다. 그리고 이 책은 2007년 교육인적자원부의 재원으로 한국학술진흥재단(현 한국연구재단)의 지원을 받아 수행된 연구(KRF-2007-411-J04601)의 일환으로 번역된 것임을 밝혀 둔다. 아울러, 이해하기 쉽고 읽기 편하게 교정과 교열을 꼼꼼히 봐 준 책갈피 출판사 편집부 여러분께 감사드린다. 물론 있을 수 있는 오역은 당연히 옮긴이인 나 자신에게 있다.

2010년 2월

이정구

주

1 Spaventa(2009), p 135.

2 *The Economist*, 16 July 2009.

3 발행-위험 분산 모델이란 은행이 한 대출을 금융시장에서 유동화한 다음 이 대출의 위험 노출을 제거함과 동시에 다시 자금을 조달하는 방식을 말한다. 이는 은행이 예대 마진에서 수익을 거두기 위해 기존 채무자와의 지속적 관계를 중시하던 예전의 모델에서 변한 것으로 서브프라임 모기지론 위기가 등장하기 전까지만 해도 수익성을 증대하고 위험은 분산하는 훌륭한 모델로 찬사를 받았다.

4 정치경제학 진흥을 위한 국제 발의(International Initiative for Promoting Political Economy)에 대한 더 자세한 내용은 http://www.iippe.org에서 확인할 수 있다.

5 신자유주의가 본격적으로 확대된 결과 자본의 투자 수익성이 높아졌는데, 그것은 생산성 향상보다는 노동자들에 대한 착취율 증대 덕분이었다. 미국을 포함한 서방 선진국의 경우는 로버트 브레너(2002), 한국의 경우는 정성진(2005)을 참고하라.

6 칼 폴라니(K Polanyi)는 경제의 두 가지 의미 중 '형식으로서의 경제'라는 의미가 바로 효율성을 추구하는 근대 경제학의 핵심이라고 지적한다.

7 어떤 개인이 x보다는 y를 더 선호하고 y보다는 z를 더 선호한다면 그는 x보다는 z를 더 선호한다고 말한다. 그렇지만 현실에서는 꼭 이렇게 나타나지 않는다. 어떤 개인이 사과보다는 귤을 더 선호하고 귤보다는 키위를 더 선호하지만, 세 과일에 대한 선호도가 똑같지 않은 상황에서 키위보다는 사과를 더 선호할 수 있기 때문이다.

8 부분적으로 성립하는 원리를 전체로 확대 추론함에 따라 발생하는 오류다. 절약의 역설이 이에 해당한다. 예를 들어 개인에게 절약은 미덕이 될 수 있지만 사회 전체적으로는 소비가 줄어 심각한 불황을 초래할 수 있다.

9 최근 조지프 스티글리츠가 '정보의 비대칭성' 문제를 제기하고 있지만 신고전학파의 기본 가정을 허물기에는 역부족으로 보인다.

10 신고전학파 경제학이 내세우는, 합리적 선택을 하는 개인이라는 개념은 뉴턴의 물리학에서 영향을 받았다.

11 장하준을 케인스주의자로 분류하기는 힘들지만 최근 경제 위기에 대해 그가 제안한 국가의 정책들은 대체로 케인스주의 정책이라고 부를 수 있다.

12 1990년대 초 부동산 거품이 폭락하면서 경기 침체가 시작되자 일본 지도자들은 여섯 번에 걸쳐 130조 엔을 투입했지만 경기는 살아나지 못했고 재정 적자만 눈덩이처럼 늘어났다.

13 지은이인 크리스 하먼이 이번 위기와 1930년대 위기를 비교 분석한 논문이나 최근의 경제 위기를 다룬 논문의 묶음집인 ≪21세기 대공황과 마르크스주의≫(책갈피, 2009)도 일독을 권한다.

참고 문헌

민경국, 2009, "주류 경제학과 음울한 과학", 〈한국경제〉(http://cfe.org/mboard/bbsDetail.asp?cid=mn200712164653&idx=17407&pn=1).

정성진, 2005, ≪마르크스와 한국경제≫, 책갈피.

폴라니, 칼, 2009, ≪거대한 전환≫, 길.

하먼, 크리스 등, 2009, ≪21세기 대공황과 마르크스주의≫, 책갈피.

Brenner, Robert, 2002, *The Boom and the Bubble: The US in the World Economy*(Verso)[국역 : ≪붐 앤 버블≫, 아침이슬, 2002].

Spaventa, Luigi, 2009, "Economists and economics: What does the crisis tell us?", *real-world economics review*, no 50(http://www.paecon.net).